En la Casa de Cornelio

Spines

En la Casa de Cornelio

Un Estudio Práctico para Provocar la Presencia Divina de Dios en Las Casas de Paz

Apóstol Dr. Luis E. Branch

ÍNDICE

"...Y mientras aún hablaba Pedro estas palabras, el Espíritu Santo cayó sobre todos los que oían el discurso." Hechos 10:44

Apóstol Dr. Luis E. Branch

Primeramente, le doy gracias a Dios por Su inspiración divina durante la labor de este libro. Esta obra presente es dedicada a mi Señor Jesucristo, el autor y consumador de mi vida quien me ha confiado con un precioso y bendecido ministerio. ¡Espero que este libro sea de mucha bendición donde quiera que sea enseñado y desato la unción de Dios sobre cada una de las futuras casas de Cornelio en el nombre de Jesús, Amen!

A Cerca del Autor...

El Apóstol, Dr. Luis E. Branch ha estado predicando y enseñando desde 1999 cuando recibió y aceptó su llamado al Pastorado por el Señor Jesucristo. El Dr. Branch se ha desempeñado como el Pastor General del Ministerio Pentecostal Evangelistas Unidos en Cristo y su ministerio Americano Christ United Pentecostal Church hasta el presente.

El Apostol, Dr. Branch también sirve fielmente como el Apóstol general para las regiones del sureste y centroamericano de House of Mana International Ministry, Inc. Dirigido por el Apostol General Dr. Domingo Ellington. El Dr. Branch es nativo de la Ciudad de Colón, Panamá y cuenta con un Doctorado en Educación Cristiana y Ética con Universidad CELA, Especialista en Educación con una especialización en Consejería Pastoral de la Universidad Liberty, una Maestría en Educación de la Universidad de Maryland, una Licenciatura en Ciencias de la Universidad Regents y dos Títulos asociados de las universidades de Central Texas, TX y Brookdale College, NJ, además de su membresía activa con el Ministerio de Capellán de la Policía Internacional y Kingsway Fellowship International, Des Moines, IA.

El Apostol, Dr. Branch es respetado como un comunicador eficaz de la Palabra de Dios y ampliamente conocido por su estilo de enseñanza práctico y dinámico que ayuda a las personas a aplicar las verdades eternas de las Escrituras a su vida cotidiana. Además de servir como uno de los Presidentes del Instituto Internacional Bíblico Kingsway, también ha servido como conferencista y predicador invitado en varios países incluyendo México, Argentina, Costa

Rica, Panamá, y varios lugares en los estados Unidos de América.

Él y su esposa, Doralis, han estado casados por los últimos 43 años y son los orgullosos padres de cuatro hijos y once nietos.

Palabras del Apóstol Dr. Luis E. Branch

LA CASA DE CORNELIO ha sido elaborado con el propósito de llevar la bendición del Espíritu Santo a diversos hogares según Dios los guíe. Cada uno de nosotros somos portadores de la gloria y unción de Dios para cada una de las casas disponibles para abrir sus puertas. Este libro puede ser aplicado para devocionales personales, familiares, o enseñanza ministerial.Jesús, el fundador de las casas de paz, le comunico a sus discípulos en **Lucas 10:1-7**, "**10** Después el Señor escogió a otros setenta discípulos y los envió de dos en dos delante de él a todas las ciudades y los lugares que tenía pensado visitar. **2** Y les dio las siguientes instrucciones: «La cosecha es grande, pero los obreros son pocos. Así que oren al Señor que está a cargo de la cosecha; pídanle que envíe más obreros a sus campos. **3** Ahora vayan, y recuerden que los envío como ovejas en medio de lobos. **4** No lleven con ustedes nada de dinero, ni bolso de viaje, ni un par de sandalias de repuesto; y no se detengan a saludar a nadie por el camino. » **5** Cuando entren en la casa de alguien, primero digan: "La paz de Dios sea sobre esta casa". **6** Si los que viven en la casa son gente de paz, la bendición permanecerá; si no lo son, la bendición regresará a ustedes. **7** No cambien de una casa a otra. Quédense en un lugar, coman y beban lo que les den. No duden en aceptar la hospitalidad, porque los que trabajan merecen recibir su salario."

El concepto y visión de La Casa de Cornelio es para demostrar el amor de Dios hacia los hogares marginados por la sociedad, pero sumamente importante para Dios. Es importante destacar que el tema de la visión de Pedro en **Hechos 10:9-16** no era la comida sino las personas marginadas por la sociedad de su tiempo conocidas como los gentiles. Hoy día somos usted y yo. Dios no utilizó la visión para eliminar la distinción entre animales limpios e inmundos, sino para manifestarle a Pedro el carácter inclusivo del evangelio porque en Dios no hay acepción de personas (**Romanos 2:11**). Notemos que los pensamientos de Pedro representaban los pensamientos de la sociedad en general hacia los gentiles en los tiempos de Cornelio. El Apóstol Pedro luego admitió en **Hechos 10:28-29**, "Ustedes saben que va en contra de nuestras leyes que un hombre judío se relacione con gentiles o que entre en su casa; pero Dios me ha mostrado que ya no debo pensar que alguien es impuro o inmundo. **29** Por eso, sin oponerme, vine aquí tan pronto como me llamaron. Ahora díganme por qué enviaron por mí." Dios se lo confirmó en los versículos **34-35**, "**34** Entonces Pedro respondió: Veo con claridad que Dios no muestra favoritismo. **35 En cada nación, él acepta a los que le temen y hacen lo correcto.**" Intercedo por todo hogar donde se enseñe este libro inspirado por Dios, genuino de Jehová y decidan hacer lo correcto ante Su presencia. ¡Amén!

La situación era la teología contemporánea cual infortunadamente aún existe en el siglo 21. Esto es, la exclusión de los gentiles (los marginados y menospreciados) de la comunidad de Israel, a pesar de que esta idea se había convertido en una perversión de la finalidad de la existencia de Israel como nación, que era alcanzar al mundo con el conocimiento del Dios verdadero.

Exhortamos a los padres de familia y lideres de todas las iglesias de nuestro Señor Jesucristo a bendecir y traer la palabra de Dios bajo la esperanza del mover inefable del Espíritu Santo como lo hizo a través del Apóstol Pedro en la Casa de Cornelio.

El Patrón de la casa de Cornelio es más alcanzable de lo que muchos pensamos: ■ Presencia de Dios (oración y ayuno) ■ Palabra con impartición (estudio de la Palabra) ■ Milagros, sanidades, liberación y profecía (impartición) ■ Sanidad y salvación de las almas (oración del pecador, al final de cada enseñanza) ■ Bautismo de almas ■ Diezmos y ofrendas (presentar sacrificios a Dios **Hech.10:2**).

Este Libro es Basado en Hechos Capitulo 10

1 Había en Cesárea un hombre llamado Cornelio, centurión de la compañía llamada la Italiana, **2 piadoso y temeroso de Dios con toda su casa, y que hacía muchas limosnas al pueblo, y oraba a Dios siempre. 3** Este vio claramente en una visión, como a la hora novena del día, que un ángel de Dios entraba donde él estaba, y le decía: Cornelio. **4** El, mirándole fijamente, y atemorizado, dijo: ¿Qué es, Señor? Y le dijo: Tus oraciones y tus limosnas han subido para memoria delante de Dios. **5** Envía, pues, ahora hombres a Jope, y haz venir a Simón, el que tiene por sobrenombre Pedro. **6** Este posa en casa de cierto Simón curtidor, que tiene su casa junto al mar; él te dirá lo que es necesario que hagas. **7** Ido el ángel que hablaba con Cornelio, éste llamó a dos de sus criados, y a un devoto soldado de los que le asistían; **8** a los cuales envió a Jope, después de haberles contado todo. **9** Al día siguiente, mientras ellos iban por el camino y se acercaban a la ciudad, Pedro subió a la azotea para orar, cerca de la hora sexta. **10** Y tuvo gran hambre, y quiso comer; pero mientras le preparaban algo, le sobrevino un éxtasis; **11** y vio el cielo abierto, y que descendía algo semejante a un gran lienzo, que atado de las cuatro puntas era bajado a la tierra; **12** en el cual había de todos los cuadrúpedos terrestres y reptiles y aves del cielo. **13** Y le vino una voz: Levántate, Pedro, mata y come. **14** Entonces Pedro dijo: Señor, no; porque ninguna cosa común o inmunda he comido jamás. **15** Volvió la voz a él la segunda vez: Lo que Dios limpió, no lo llames tú común. **16** Esto se hizo tres veces; y aquel lienzo volvió a ser recogido en el cielo. **17** Y mientras Pedro estaba perplejo dentro de sí sobre lo que significaría la visión que había visto, he aquí los hombres que habían sido enviados por Cornelio, los cuales, preguntando por la casa de Simón, llegaron a la puerta. **18** Y llamando, preguntaron si moraba allí un Simón que tenía por sobrenombre Pedro. **19** Y mientras Pedro pensaba en la visión, le dijo el Espíritu: He aquí, tres hombres te buscan. **20** Levántate, pues, y desciende y no dudes de ir con ellos, porque yo los he enviado. **21** Entonces Pedro, descendiendo a donde estaban los hombres que fueron enviados por Cornelio, les dijo: He aquí, yo soy el que buscáis; ¿cuál es la causa por la que habéis venido? **22** Ellos dijeron: Cornelio el centurión, varón justo y temeroso de Dios, y que **tiene buen testimonio en toda la nación de los judíos**, ha recibido instrucciones de un santo ángel, de hacerte venir a su casa para oír tus palabras. **23** Entonces, haciéndoles entrar, los hospedó. Y al día siguiente, levantándose, se fue con ellos; y le acompañaron algunos de los hermanos de Jope. **24** Al otro día entraron en Cesarea. Y Cornelio los estaba esperando, habiendo convocado a sus parientes y amigos más íntimos. **25** Cuando Pedro entró, salió Cornelio a recibirle, y postrándose a sus pies, adoró. **26** Mas Pedro le levantó, diciendo: Levántate, pues yo mismo también soy hombre. **27** Y hablando con él, entró, y halló a muchos que se habían reunido. **28** Y les dijo: Vosotros sabéis cuán abominable es para un varón judío juntarse o acercarse a un extranjero; pero a mí me ha mostrado Dios que a ningún hombre llame común o inmundo; **29** por lo cual, al ser llamado, vine sin replicar. Así que pregunto: ¿Por qué causa me habéis hecho venir? **30** Entonces Cornelio dijo: Hace cuatro días que a esta hora yo estaba en ayunas; y a la hora novena, mientras oraba en mi casa, vi que se puso delante de mí un varón con vestido resplandeciente, **31** y dijo: Cornelio, tu oración ha sido oída, y tus limosnas han sido recordadas delante de Dios. **32** Envía, pues a Jope, y haz venir a Simon el que tiene por sobrenombre Pedro, el cual mora en casa de Simon, un curtidor, junto al mar; y cuando llegue, el te hablatra. **34** Entonces Pedro, abriendo la boca, dijo: En verdad comprendo que Dios no hace acepción de personas, **35** sino que en toda nación se agrada del que le teme y hace justicia. **36** Dios envió mensaje a los hijos de Israel, anunciando el evangelio de la paz por medio de Jesucristo; éste es Señor de todos. **37** Vosotros sabéis lo que se divulgó por toda Judea, comenzando desde Galilea, después del bautismo que predicó Juan: **38** cómo Dios ungió con el Espíritu Santo y con poder a Jesús de Nazaret, y cómo éste anduvo haciendo bienes y sanando a todos los oprimidos por el diablo, porque Dios estaba con él. **39** Y nosotros somos testigos de todas las cosas que Jesús hizo en la tierra de Judea y en Jerusalén; a quien mataron colgándole en un madero. **40** A éste levantó Dios al tercer día, e hizo que se manifestase; **42** Y nos mandó que predicásemos al pueblo, y testificásemos que él es el que Dios ha puesto por Juez de vivos y muertos. **43** De éste dan testimonio todos los profetas, que todos los que en él creyeren, recibirán perdón de pecados por su nombre. **44 Mientras aún hablaba Pedro estas palabras, el Espíritu Santo cayó sobre todos los que oían el discurso.45** Y los fieles de la circuncisión que habían venido con Pedro se quedaron atónitos de que también **sobre los gentiles se derramase el don del Espíritu Santo.46** Porque los oían que **hablaban en lenguas**, y que magnificaban a Dios. **47** Entonces respondió Pedro: **¿Puede acaso alguno impedir el agua, para que no sean bautizados estos que han recibido el Espíritu Santo también como nosotros?48** Y mandó bautizarles en el nombre del Señor Jesús. Entonces le rogaron que se quedase por algunos días.

Capítulo 1

Una Casa de Cornelio empieza con La Piedad por las cosas de Dios.

"**1** Había en Cesárea un hombre llamado Cornelio, centurión de la compañía llamada la Italiana, **2 piadoso** y temeroso de Dios con toda su casa, y que hacía muchas limosnas al pueblo, y oraba a Dios siempre."

- El verso clave de hoy: "Vosotros también, poniendo toda diligencia por esto mismo, añadid a vuestra fe virtud; a la virtud, conocimiento; al conocimiento, dominio propio; al dominio propio, paciencia; a la paciencia, piedad; a la piedad, afecto fraternal; y al afecto fraternal, amor." **2 Pedro 1:5-7**

I. La Casa de Cornelio es Un Hogar de Piedad. La piedad o devoción a Dios empieza con el concepto de La Confesión de Fe. La confesión de fe se trata de una promesa solemne que le hacemos a Dios en intercambio por nuestra salvación por fe. Lea **Efesios 2:8**. Cada sesión de La Casa de Cornelio culminara con esta oportunidad para recibir la salvación eterna.

La oración de confesión es diseñada para ayudarnos a cambiarnos y alinear nuestra relación con Dios para siempre. Si esto es cierto (y creo que lo es), ¿no deberíamos saber cómo hacerlo?

¿Qué es la confesión?

En el Nuevo Testamento, "confesar" significa "estar de acuerdo o decir lo mismo que". Entonces, cuando decimos lo mismo sobre cualquier tema que Dios diga al respecto (nuestra conducta, nuestro pecado o el Señorío de Jesús, por ejemplo), eso es confesión.

Romanos 10:9 dice: "si confiesas con tu boca a Jesús como Señor, y crees en tu corazón que Dios lo resucitó de entre los muertos, serás salvo".

El punto, por supuesto, es que la salvación llega a aquellos que confiesan (de acuerdo) que Jesús es el Señor, y que su muerte y resurrección pagaron el precio de nuestra libertad y el perdón del pecado. La "Oración de los pecadores" que algunos de nosotros hemos crecido escuchando es realmente una oración de confesión. En sus términos más simples, la oración de confesión es el reconocimiento de nuestro pecado, o la afirmación de la verdad de Dios para nuestras vidas, o ambas cosas.

¿Por qué es importante la confesión?

La confesión es el mecanismo de Dios para restaurar una relación rota entre Él y nosotros. La confesión nos permite experimentar el perdón de Dios, que fue comprado por la muerte de Cristo en la cruz. **1 Juan 1: 8-9** explica el significado de la confesión: "Si decimos estar sin pecado, nos engañamos a nosotros mismos y la verdad no está en nosotros. **Si confesamos nuestros pecados, él es fiel y justo y nos perdonará nuestros pecados y nos purificará de toda maldad**". Muchas personas asumen que la confesión se suma al peso de la culpa; En realidad, la confesión lo alivia. ¡La confesión a Dios conduce a la paz con Dios y nos deja con la seguridad de que somos perdonados, limpiados y libres!

La confesión aumenta nuestro amor por Jesús.

Si olvidamos confesar nuestros pecados, olvidamos por qué necesitamos un Salvador. Por otro lado, cuanto más confesemos nuestros pecados, más apreciaremos la provisión de nuestro Salvador. La bondad y la misericordia de Dios es real. Lea **Levíticos 5:5**, "Cuando pecare en lengua de estas cosas, confesara aquello en que peco."

La confesión es necesaria para nuestro crecimiento espiritual.

Sin confesión, nos quedamos atrapados en nuestros mismos viejos patrones de pecado. Muchos cristianos creen erróneamente que cuanto más maduro es el espíritu, menos tendrá que confesar.

En realidad, lo contrario es cierto. Cuanto más maduros estemos en nuestra fe, más sensibles nos volveremos a sentir el empuje del Espíritu Santo con respecto al pecado en nuestras vidas. Vemos el pecado en áreas que nunca hemos notado antes. Y porque podemos verlo, podemos abordarlo y crecer. Lea **Hechos 3:19**, "Así que, arrepentíos y convertíos, para que sean **borrados vuestros pecados**; presencia del Señor tiempos de refrigerio." Cuando Dios **borra** nuestros pecados, también lo borra de su memoria. Por lo tanto, no es la voluntad de Dios seguir volviendo a un pecado que El ya borró por Su gracia y misericordia y mucho menos seguir culpándonos por un pecado que Dios ya borró.

¿Cómo confieso en la oración?

La Biblia nos da varios ejemplos notables de oraciones de confesión. Las oraciones de confesión de Daniel, Nehemías y David están registradas en las Escrituras. Aunque las circunstancias que rodean sus oraciones de confesión difieren, los elementos de sus oraciones son notablemente similares.

Daniel oró:

"Oré al Señor mi Dios y confesé: Señor, el Dios grande y asombroso, que guarda su pacto de amor con los que lo aman y guardan sus mandamientos, hemos pecado y hecho el mal. Hemos sido malvados y nos hemos rebelado; Nos hemos apartado de tus mandamientos y leyes. No hemos escuchado a sus siervos los profetas, quienes hablaron en su nombre a nuestros reyes, a nuestros príncipes y nuestros antepasados, y a todas las personas de la tierra."

El Señor nuestro Dios es misericordioso y perdona, aunque nos hayamos rebelado contra él; no hayamos obedecido al Señor nuestro Dios ni hayamos guardado las leyes que nos dio a través de sus siervos los profetas" (**Daniel 9:4-6; 9-10**).

Nehemías hizo esta oración de confesión:

"Señor, el Dios del cielo, el Dios grande y asombroso, que

mantiene su pacto de amor con los que lo aman y guardan sus mandamientos, deja que tu oído esté atento y tus ojos abiertos para escuchar la oración que tu siervo está orando antes de tu día. Y noche para tus siervos, el pueblo de Israel. Confieso los pecados que nosotros, los israelitas, incluso yo y la familia de mi padre, hemos cometido contra ti. Hemos actuado muy perversamente hacia ti. No hemos obedecido los mandatos, decretos y leyes que le diste a tu siervo Moisés" (**Nehemías 1: 5-7**).

Después de la aventura de David con Betsabé, confesó:

"Ten piedad de mí, oh Dios, conforme a tu amor inquebrantable; según tu gran compasión borra mis transgresiones. Elimina toda mi iniquidad y límpiame de mi pecado. Porque yo conozco mis transgresiones, y mi pecado está siempre delante de mí. Contra ti, solo, he pecado y he hecho lo que es malo a tus ojos" (**Salmos 51:1-4**).

Cada una de estas tres confesiones de oración bíblica incluyen: Un corazón humilde, contrito; Reconocimiento de pecado específico; Afirmación del carácter de Dios; y Seguridad del perdón. Estos mismos elementos deben ser parte de nuestras oraciones de confesión.

Vale la pena señalar que estas oraciones fueron escritas para que otros las leyeran. David, Nehemías y Daniel no solo sintieron pena por su pecado en sus corazones y sus mentes; Sus pecados privados se convirtieron en un asunto de registro público. La confesión trae luz a la oscuridad. No necesitamos decirles a todos nuestros pecados, pero sí debemos decirle a Dios y, en ocasiones, a otros. El pecado secreto se convierte en pecado en serie.

¿Cómo responde Dios cuando confieso?

En nuestro sistema de justicia, cuando una parte culpable confiesa, el castigo sobreviene. Tristemente, muchos creyentes viven como Dios trata nuestras confesiones de esta manera también. Como resultado, descuidamos la confesión, en el mejor de los casos, y la evitamos en el peor de los casos. Pero ¿cómo responde Dios cuando confesamos?

1. Dios nos limpia. "Si confesamos nuestros pecados, él nos limpiará de toda maldad" (**1 Juan 1:9**).

2. Dios nos sana. "Por lo tanto confiesa tus pecados el uno al otro y ora el uno por el otro para que puedas ser sanado. La oración de una persona justa es poderosa y efectiva" (**Santiago 5:16**).

3. Dios nos perdona. "Entonces te reconocí mi pecado y no cubrí mi maldad. Dije: 'Confesaré mis transgresiones al Señor'. Y tú perdonaste la culpa de mi pecado" (**Salmo 32: 5**).

4. Dios tiene misericordia de nosotros. "Las personas que ocultan sus pecados no prosperarán, pero si confiesan y se apartan de ellos, recibirán misericordia" (**Proverbios 28: 13-14**).

5. Dios restaura nuestra alegría y nos hace usables. "Porque conozco mis transgresiones, y mi pecado está siempre delante de mí. Contra ti, solo, he pecado y hecho lo que es malo a tus ojos; Restaura el gozo de tu salvación y dame un espíritu dispuesto a sostenerme. Entonces enseñaré a los transgresores tus caminos, para que los pecadores vuelvan a ti" (**Salmos 51:3-4; 12-13**).

¿Cómo puedo integrar la confesión en mis oraciones?

Si la confesión nunca ha sido parte de su vida de oración, aquí hay una manera fácil de comenzar:

Comienza con una hoja de papel en blanco. Pídele al Espíritu Santo que revele cualquier área de pecado en tu vida, cualquier pensamiento, cualquier hecho, cualquier forma que haya ignorado haciendo lo que Dios quería que hiciera. A medida que el Espíritu trae áreas de pecado a la mente, escríbalas. No apresures esto. Permite que Dios hable sobre ti.

Al final de tu lista, escribe las palabras de **1 Juan 1:9**: "Si confesamos nuestros pecados, Él es fiel y justo, y perdonará nuestros pecados y nos limpiará de toda maldad." Dele gracias a Dios por la muerte y resurrección de Cristo, que

proporcionó el camino para su perdón. Dele gracias a Dios que desde que confesaste tu pecado, Él ha sido fiel en limpiarte de tu pecado.

Rasga el pedazo de papel con tu lista de pecados. Confiesa (de acuerdo con Dios) que tus pecados son perdonados, que estás limpio ante Dios y que eres libre.

A medida que avanzas en tu caminar con Dios, practica la confesión en el momento en que tomes conciencia de cualquier actitud o acción que sea desagradable para Dios. No esperes, no permitas que el pecado se convierta en una barrera en tu comunión con Cristo. Nuestra relación con Dios es como nuestras relaciones humanas; El compañerismo es mejor restaurado más pronto que tarde.

Una oración de confesión útil para modelar.

Si la oración de confesión es nueva para ti, es posible que desees orar algo como esto:

Señor Jesús, eres misericordioso y amoroso. Tú eres Santo y Justo. Enviaste a tu único Hijo, Jesucristo, a morir en la cruz por mis pecados. Hoy yo confieso todos mis pecados. Tengo ____ (nombra tus pecados personales específicos). Pero tú, Señor, eres amable y compasivo con todo lo que has hecho, incluyéndome a mí. Entra a mi corazón y límpiame de todos mis pecados. Por fe, escribe mi nombre en Su libro de la vida. ¡En el nombre de Jesús, Amen!

Las palabras que oras no son tan importantes como el corazón detrás de tus oraciones. Jesús contó una historia reveladora sobre dos hombres que fueron al templo a orar. Un hombre se fue justificado, el otro hombre no lo hizo.

¿Qué oró el hombre que fue a su casa limpio a los ojos de Dios? Una oración de confesión completamente sincera, de una oración:

"Pero el recaudador de impuestos se mantuvo a una distancia. Ni siquiera miró hacia el cielo, pero se golpeó el pecho y dijo: 'Dios, ten piedad de mí, pecador'" (**Lucas 18:13**). Como era entonces, es ahora. El camino a Dios está pavimentado de confesión. Lea **Juan 14:6**, "Jesús le dijo: Yo soy el camino, y la verdad, y la vida; nadie viene al Padre, sino por mí."

Capítulo 2

En La Casa de Cornelio Hay temor de Jehová.

" **1** Había en Cesárea un hombre llamado Cornelio, centurión de la compañía llamada la Italiana, 2 piadoso y **temeroso de Dios con toda su casa**, y que hacía muchas limosnas al pueblo, y oraba a Dios siempre."

- El Verso clave de hoy:

"El ángel de Jehová acampa alrededor de los que le temen, Y los defiende."

En este estudio de temas a cerca de La Casa de Cornelio, consideraremos el énfasis principal de lo que la Biblia nos describe a cerca de La Casa de Cornelio en **Hechos 10:2**: El temor del Señor. Usaremos el versículo clave en **Proverbios 1:7** para mostrar las bendiciones reservadas para un hogar que vive en temor (reverencia) de Dios.

En nuestro versículo clave se mencionan dos clases de personas: los que temen al Señor y los necios que no temen. En el lenguaje del Nuevo Testamento, el contraste es entre el creyente y el incrédulo, el salvo y el perdido. Para abrir nuestro apetito, observe:

1. Dios anhela que le temamos - **Deuteronomio 5:29**.

2. Temerle siempre será para nuestro bien - **Deuteronomio 6:24**.

3. Es posible temer al Señor todo el tiempo - **Proverbios 23:17**.

4. La obediencia es la prueba de temer al Señor - **Génesis 22:12**.

5. Los miembros de la iglesia deben temer al Señor - **Hechos 9:31**.

6. Aquellos que temen al Señor son recompensados - **Proverbios 13:13**.

7. ¡Aquí está el secreto de toda bendición! -- **Salmo 112: 1**.

Pero ¿qué es temer al Señor? ¿Es tener miedo de Dios? ¡No! No es miedo o aprensión servil o miedo relacionado con el castigo (**1 Juan 4:18; 2 Timoteo 1: 7**). El temor a Jehová no debe asociarse con el terror o la sospecha, el tipo de miedo que hace que un hombre corra y se esconda de Dios (ejemplo: Adán y Eva) o actúe como un esclavo avergonzado (ejemplo: El hijo prodigo). El temor del Señor es el temor de un hijo cariñoso o de un siervo obediente: es tal reverencia por Dios que el que le teme se siente atrapado por un santo deseo de agradarle.

La mejor manera de ver lo que significa temer al Señor, es ver cómo son las personas que temen al Señor y descubrir los resultados de temer al Señor, es reunir algunas de las Escrituras donde se menciona esto.

Cuando un hombre teme al Señor, implica que ha comenzado a conocer al Señor. Lea **Proverbios 1: 7; 9:10; 15:33; Salmos 111: 10**. Conocer al Señor (no solo acerca de Él) es una cuestión de nivel. Es posible que lo conozcamos un poco o que lo conozcamos muy bien y de una manera cercana y muy personal.

Un hombre solo comienza a temer a Dios cuando comienza a conocerlo como su Señor, y solo llega a conocerlo cuando lo teme. Cuando un hombre se da cuenta de quién es Dios y cuál es Su actitud hacia todas las personas, entonces comienza a temer al Señor. Es importante notar que este temor debe buscarse (**Proverbios 1: 29-30**); tiene que ser aprendido (**Deuteronomio 4:10; Salmo 34:11**); tiene que haber un deseo por esto (**Nehemías 1:11**); requiere obediencia (**Eclesiastés 12:13**), y algunas personas temen a

Dios más que otras (**Nehemías 7: 2**). Cuando obedecemos a una autoridad, no le obedecemos porque le tememos, sino que le obedecemos por temor a faltarle el respeto a esa autoridad sobre nosotros.

Cuando un hombre teme al Señor, se apartará del pecado y vivirá una vida santa. Leamos **Proverbios 3: 7; 8:13; 14: 2; 16: 6; Salmo 19: 9.**

Todas estas referencias dejan en claro que cuando alguien realmente aprende el temor del Señor, toda su forma de vida se ve afectada – Lea **1 Pedro 3: 1-2**; esto incluye la forma en que se viste, habla, gasta su dinero, su tiempo, lo que escucha, los lugares a los que va, los placeres que busca y los libros que lee. Incluso sus amigos son diferentes (**Malaquías 3:16**) y deja de vivir como no existiera un Dios que lo ve todo (**Salmos 14:1-3**).

Cuando un hombre teme al Señor, se llena de profunda seguridad Leamos **Proverbios 14:26; Eclesiastés 8: 12-13**. Una de las razones es la confianza que se gana al temer al Señor. Hay que vivir en términos muy íntimos y personales y en estrecha comunión con el Señor mismo (**Salmo 25:14**). Esto le asegura la protección de Dios (**Salmo 34: 7**); Su provisión (**Salmo 34: 9-10**); y Su propósito (**Salmo 33:18**).

Cuando tememos al Señor, somos llevados a una plena certeza de fe (**Hebreos 10:22**); sabemos que nuestros pecados son perdonados (**1 Juan 2:12**); ¡Conocemos la verdad de **Romanos 8:28** y podremos decir **2 Timoteo 1:12**!

Cuando un hombre teme al Señor, experimenta verdadero gozo y satisfacción. Leamos **Proverbios 13:13; Proverbios 22: 4; Proverbios 28:14; Salmos 145:19.**

Aunque un hombre sea pobre en un sentido natural, si teme al Señor será maravillosamente rico y verdaderamente satisfecho (**Proverbios 15:16; Proverbios 19:23**). El hombre que teme a Dios tiene una inmensa satisfacción y gozo al saber que todo está bien, no solo por el tiempo, sino por la eternidad. **Leamos el Salmo 31:19 y el Salmo 61: 5.**

Cuando un hombre teme al Señor, cosechará los beneficios de una vida disciplinada. Leamos **Proverbios 10:27; 14:27; 19:23** y

Eclesiastés 8: 12-13. ¡Qué lógico es todo esto! Si somos disciplinados, obteniendo la cantidad adecuada de descanso, comida, sueño y ejercicio, sirviendo a los demás y, sobre todo, dando al Señor el lugar que le corresponde; seremos liberados de la ansiedad y viviremos nuestro tiempo señalado.

Cuando un hombre teme al Señor, le servirá de todo corazón. Leamos el **Salmo 2:11; 2 Crónicas 19: 7,9; Hebreos 11: 7; Hebreos 12:28**.

¡Qué asombroso es estar al servicio de Dios y esperar humildemente en Él para Su guía y empoderamiento! Esto es lo que significa "servir al Señor con temor y regocijarse con temblor.Cuando un hombre teme al Señor, será como el mismo Señor Jesús.

En **Hebreos 5: 7-9** leemos que nuestro Salvador, como hombre, vivió en el temor del Señor, y fue así como se ofreció a Sí mismo en la cruz para asegurar nuestra "salvación eterna." Si realmente queremos ser como Él, siempre buscaremos vivir y trabajar para hacer todo en el temor del Señor durante todo el día. Lea **Job 1: 9-10 y haga del Salmo 86: 11-12**.

Capítulo 3

En la Casa de Cornelio abunda la bondad.

" **1** en Cesárea un hombre llamado Cornelio, centurión de la compañía llamada la Italiana, 2 piadoso y temeroso de Dios con toda su casa, **y que hacía muchas limosnas al pueblo**, y oraba a Dios siempre."

- El verso clave de hoy es **2 Corintios 9:6-7**, "6. Pero esto digo: El que siembra escasamente, también segará escasamente; y el que siembra generosamente, generosamente también segará. 7. Cada uno dé como propuso en su corazón: no con tristeza, ni por necesidad, porque Dios ama al dador alegre."

Pregunta: ¿Que es La Bondad? El concepto de bondad se refiere a la persona que es misericordiosa, buena, clemente, compasiva y generosa. Y esto es lo que Cornelio y su familia practicaban.

El significado bíblico de bondad es en todo sentido una muestra del gran amor de Dios que, en todos los aspectos nos brinda de una manera incondicional, dadivosa y atesorada su amor, su consuelo y que en todos los aspectos es un gran auxiliador, por ello se abren los cielos y repican las campanas para que se vea mediante la fe su existencia y amor como bondad para todos.

. . .

La bondad es como una semilla cual necesita ser sembrada y cultivada en otros. Dios recompensa a los bondadosos más allá de lo que piensan o se imaginan. Leamos **Malaquías 3:10-12**.

Estamos seguros de que Cornelio y su familia no decidieron ser bondadosos de la noche a la mañana. Es un proceso que requiere planificación, amor a Dios, y sobre todo conocimiento. Lea **Oseas 4:6**.

Todo ser humano es egoísta por naturaleza. Si no fuese así, los alfolíes de las iglesias estarían rebozando en cada culto. Un estudio cuidadoso de lo que hizo caer a Adán y Eva nos revelara que se preocupaban más por satisfacerse así mismo que obedecer la palabra de Dios. Mientras que la falta de su hijo Caín se encontró en no darle a Dios de los primogénitos de sus ovejas, o de lo más gordo de ellas.

El verso clave de hoy nos aclara el principio de la siembra y la cosecha (un principio cual puede ser aplicado tanto en lo natural como en lo espiritual). Muchos no entendemos por qué nuestras cosechas no alcanzan o logran cubrir nuestra necesidad independiente de las horas y días extras que nos pasamos laborando para el hombre/mujer. Muchas veces es porque no le damos a Dios lo que nos es llamado dar. Sea consiente e inconscientemente – "Pero esto digo: El que siembra escasamente, también segará escasamente; y el que siembra generosamente, generosamente también segará." **2Co.9:6**.

El dar por emoción o impulsión no garantiza la bendición. Según mi experiencia personal, muchas veces me encontraba dando de estas maneras y me enojaba con Dios porque no veía los resultados prometidos a tal manera que dejaba de dar ya que, "Dios no cumplía con sus promesas." Luego me percate que estaba ofreciendo por emoción y compulsión. No estaba necesariamente alegre al respecto, y no estaba investido en la obra de Dios.

A veces, por la misericordia de Dios, recibía buenas ofertas de trabajo o promociones inesperadas e inmerecidas. Aun así, me costaba dar más de lo que mi corazón egoísta debería de dar. Lea

Lucas 12:47-48. Llego un día que aprendí y decidí lo que el apóstol Pablo dijo, "Cada uno dé como propuso en su corazón: no con tristeza, ni por necesidad."

Esto es dar lo que le pertenecía a Dios. Desde ese entonces hasta el día de hoy no me he arrepentido cada vez que planifico dar (proponerme en mi corazón), dar más por amor a Dios y en agradecimiento por aumentar mis cosechas, y aprender más e aplicar los principios de la siembra y las cosechas en mi vida y la vida de mi familia.

Las palabras que escribe Pablo, "cada uno debe hacer lo que ya ha determinado" realmente me impactan. El versículo implica que debemos predeterminar nuestra ofrenda. Pienso en ello como dar de acuerdo con un plan. Todas mis decisiones de donación anteriores, bastante escasas, habían sido espontáneas y por obligación al hombre. No estaban en lo más mínimo coordinados, planificados o realmente determinados en absoluto ni necesariamente alineados con la Palabra de Dios.

La bondad es una decisión fundamental de hacer un cambio en nuestra manera de dar y elaborar un plan de dar según la Palabra de Dios. Esto es lo que hice y creo que puede funcionar para otros en mi situación:

1. Proponer o determinar que, si Dios va a ser primero en nuestras vidas, hay que cederle de la primera porción de nuestras bendiciones. Jacob, quien le creyó a Dios antes que Dios cumpliera con él le dijo, "Y esta piedra que he puesto por señal,

será casa de Dios; y de todo lo que me dieres, el diezmo apartaré para ti." – **Gen. 28:22**.

- Hagámoslo con la intensión de pagarle a Dios primero (reservando los fondos del diezmo, incluso antes de escribir el cheque a su iglesia).
- Asegurar vivir según el presupuesto (me daba cuenta de que cada vez que me pasaba del presupuesto, mis diezmos y ofrendas disminuían).

- Tal era la situación que no podía diezmar al 100% o del bruto aun cuando lo deseaba.

Mi historia de gloria: Una mañana antes de salir a la iglesia, le pedí a Dios que me perdonara por pasarme de mi presupuesto y por el uso de mis diezmos para cubrir mis deudas cual acumulé por irresponsabilidades financieras. Mi voto con Dios fue así, "Señor Dios, perdona mi desobediencia primeramente a Su Palabra y luego por no administrar bien los recursos que me distes para seguir bendiciendo Su obra. Empezaré con un pacto de $50.00 mensuales y prometo aumentar este pacto por $25.00 mensuales hasta llegar al 10% de mi ganancia total, aunque tenga que atrasarme con mis deudas bajo la fe y esperanza que disminuirás o cancelaras mis deudas sobrenaturalmente." ¡Amen!

- **Mi testimonio:** Para la gloria y honra del Señor, mi sueldo para ese entonces era de $2,900.00 mensuales antes de los impuestos. Mis diezmos del bruto era un cálculo de $290.00 mensuales del cual solo daba $50.00 con una promesa de aumentar la cantidad por $25.00 cada mes hasta lograr llegar al debido diezmo ($290.00/mes). En solo tres meses, o sea cuando llegue a la cantidad de $200.00 mensuales, TODAS mis deudas (menos la casa) fueron canceladas o

perdonadas sobrenaturalmente. Mi auto de lujo cual usaba parte de mis diezmos para pagarlo, lo entregué y el balance fue perdonado. De repente empezaron a aparecer fondos en mi cuenta de ahorros y cartas de cancelación me llegaban a mi buzón de correo. Quizás mi historia no sea como la suya, pero todos tendremos el mismo fin de nuestra historia como el fin de la historia Job, "Y bendijo Jehová el postrer estado de Job más que el primero..." – **Job 42:12**

¿Que aprendí?" Aprendí que Dios es misericordioso aún en medio de nuestras rebeldías y lo sagrado de Dios no se toca. Dios me enseñó a temer tocar lo sagrado de El cómo sus diezmos y ofrendas mientras me mostraba misericordia en medio de mi maldición financiera. Esta experiencia fue quizás el cambio más grande de mi vida. Si Dios lo hizo conmigo lo puede hacer por usted en el nombre de Jesús si se encuentra en estas condiciones.

El Proceso de convertir su casa en una casa dadivosa como la de Cornelio empieza con una decisión de creerle a Dios (**Hebreos 11:1, 6**). He aquí algunas sugerencias...

1. Enseñe a su familia a dar con confianza/fe en Dios (la ofrenda de la viuda)

Cuando Jesús miró hacia arriba, vio a los ricos depositando sus ofrendas en el tesoro del templo. También vio a una viuda pobre poner dos monedas de cobre muy pequeñas. "En verdad les digo", dijo, "esta pobre viuda ha echado más que todas las demás. Toda esta gente dio sus dones de su riqueza; pero ella, de su pobreza, puso todo lo que tenía para vivir". (**Lucas 21: 1-4**).

Este relato muestra el maravilloso ciclo de dar que Dios ha diseñado: Él provee abundantemente para todas nuestras necesidades, para que luego podamos dar la vuelta y ayudar a proveer para los demás. Cuando sientes la necesidad de aferrarte fuerte a lo que tienes (como yo solía hacer), necesitas agradecer a Dios por su bondad y abrir sus manos. Eso fomentará el contentamiento en su corazón y una nueva alegría al dar. Recuerde que Dios no puede poner nada en nuestras manos mientras que nuestros puños se mantengan cerrados.

2. Enseñe a su familia a dar con tranquilidad (Sermón del Monte).

Por eso, cuando des a los necesitados, no lo anuncies con trompetas, como hacen los hipócritas en las sinagogas y en las calles, para ser honrados por otros. De cierto os digo que han recibido su recompensa en su totalidad. Pero cuando des a los necesitados, no dejes que tu mano izquierda sepa lo que hace tu derecha, para que tu ofrenda sea en secreto. Entonces tu Padre, que ve lo que se hace en secreto, te recompensará. (**Mateo 6: 2-4**)

La enseñanza de Jesús nos advierte contra la tendencia humana a complacer a la gente. También da un antídoto eficaz. Si alguna vez sientes el deseo de ser notado cuando das, necesita recordar que nuestro Padre celestial ya lo vio. El saber que Él está complacido reemplazará nuestras inseguridades con una sensación de satisfacción más profunda a medida que damos o hacemos la obra de Dios. Leamos **Colosenses 3:23-24 y Hebreos 11:6.**

3. Enseñe a su familia a dar con expectativa (alimentar a las multitudes).

Al acercarse la noche, los discípulos se le acercaron y le dijeron: "Este es un lugar remoto y ya se está haciendo tarde. Despide a las multitudes para que puedan ir a las aldeas y comprarse algo de comida ". Jesús respondió: "No es necesario que se vayan. Les das algo de comer ". "Aquí sólo tenemos cinco panes y dos pescados", respondieron. "Tráemelos aquí", dijo. "Y ordenó a la gente que se sentara en la hierba. Tomando los cinco panes y los dos pescados y mirando al cielo, dio gracias y partió los panes. Luego se los dio a los discípulos y los discípulos se los dieron a la gente. Todos comieron y se saciaron, **y los discípulos recogieron doce canastas llenas de pedazos que sobraron.** Los que comieron fueron unos cinco mil hombres, sin contar las mujeres y los niños " (**Mat.14:15-21**).

- Leer acerca de este maravilloso milagro nos muestra que Dios nos da un uso mayor de nuestros dones de lo que podemos imaginar. Cuando nos inclinamos a juzgar nuestras ofrendas como "demasiado pequeña", necesitamos creer que la gracia de Dios toma todo lo que damos y El aumentará la bendición. El resultado será un nuevo nivel de alegre anticipación. Recuerdes que no podemos superar lo que Dios nos devolverá no importa la cantidad que le demos. Leamos **Lucas 8:4-8.**

4. Enseñe a su familia a dar con propósito (las ovejas y las cabras).

Entonces el Rey dirá a los de su derecha: "Venid, benditos de mi Padre; toma tu herencia, el reino preparado para ti desde la creación del mundo. Porque tenía hambre y me diste de comer, tuve sed y me diste de beber, era un extraño y me invitaste a entrar, necesitaba ropa y me vestiste, estaba enfermo y me cuidabas, Estaba en la cárcel y viniste a visitarme. " Entonces los justos (los piadosos) le responderán: "Señor, ¿cuándo te vimos hambriento y te dimos de comer, o sediento y te dimos de beber? ¿Cuándo te vimos forastero y te invitamos a pasar, o necesitas ropa y te vestimos? ¿Cuándo te vimos enfermo o en la cárcel y fuimos a verte? " El Rey responderá: "De cierto te digo que todo lo que hiciste por uno de estos hermanos y hermanas más pequeños, lo hiciste por mí". (**Mateo 25: 34-40**)

- Pasajes de las Escrituras como este revelan claramente el corazón de Dios por los necesitados y el deseo de que su pueblo se una a la obra. En esos momentos en vez de dudar en dar, necesitamos concentrarnos en la misión justa de Dios y el honor de ser invitado a participar. Eso despertará entusiasmo en su espíritu. Esto resulta en una mentalidad de reino.

5. Enseñe a su familia a dar con compasión (El buen samaritano). Pero un samaritano, mientras viajaba, llegó a donde estaba el hombre; y cuando lo vio, se compadeció de él. Se acercó a él y vendó sus heridas, vertiendo aceite y vino. Luego puso al hombre en su propio burro, lo llevó a una posada y lo cuidó. Al día siguiente sacó dos denarios y se los dio al posadero. "Cuida de él", dijo, "y cuando vuelva, te reembolsaré cualquier gasto adicional que puedas tener" (**Lucas 10: 33-35**).

- Esta famosa historia es una poderosa ilustración del amor 'ágape' al que Dios nos llama: desinteresado, amable y preocupado por lo mejor para los demás.

Cuando cuestionamos nuestra propia capacidad para amar de esa manera, necesitamos darnos cuenta de que el acto de dar ya está aumentando la generosidad en nosotros. Su corazón se alineará con el de Dios, y la dulzura de dar le llevará al deseo de hacer aún más. Un estudio cuidadoso de la Palabra nos revelara que TODOS los que han dado de lo mejor y aun de lo último que tenían, lo dieron por amor a Dios y Su obra. Por lo tanto, tal como Cornelio, nuestro amor a Dios y su obra se mide por el nivel de nuestras ofrendas y sacrificios a Dios "Amados, amémonos unos a otros; porque el amor es de Dios. Todo aquel que ama, es nacido de Dios, y conoce a Dios. **8** El que no ama, no ha conocido a Dios; porque Dios es amor." **1 Juan 4:7-8.**

6. Enseñe a su familia a dar en vista de lo que Dios proveerá y no en lo que le están

sacrificando a Dios (La viuda de Serepta). **1R.17:8-16**, "**8** Vino luego a él palabra de Jehová, diciendo: **9** Levántate, vete a Sarepta de Sidón, y mora allí; he aquí yo he dado orden allí a una mujer viuda que te sustente. **10** Entonces él se levantó y se fue a Sarepta. Y cuando llegó a la puerta de la ciudad, he aquí una mujer viuda que estaba allí recogiendo leña; y él la llamó, y le dijo: Te ruego que me traigas un poco de agua en un vaso, para que beba. **11** Y yendo ella para traérsela, él la volvió a llamar, y le dijo: Te ruego que me traigas también un bocado de pan en tu mano. **12 Y ella respondió: Vive Jehová tu Dios, que no tengo pan cocido; solamente un puñado de harina tengo en la tinaja, y un poco de aceite en una vasija; y ahora recogía dos leños, para entrar y prepararlo para mí y para mi hijo, para que lo comamos, y nos dejemos morir. 13 Elías le dijo: No tengas temor; ve, haz como has dicho; pero hazme a mí primero de ello una pequeña torta cocida debajo de la ceniza, y tráemela; y después harás para ti y para tu hijo. 14 Porque Jehová Dios de Israel ha dicho así: La harina de la tinaja no escaseará, ni el aceite de la vasija dismi-**

nuirá, hasta el día en que Jehová haga llover sobre la faz de la tierra. 15 Entonces ella fue e hizo como le dijo Elías; y comió él, y ella, y su casa, muchos días. **16** Y la harina de la tinaja no escaseó, ni el aceite de la vasija menguó, conforme a la palabra que Jehová había dicho por Elías."

- A veces me llama la atención como los apostadores en los casinos o en un Hipódromo se disponen a apostar de lo último que tienen. Inclusive algunos pierden sus casas por la fe puesta en una oportunidad de ganar. Y así debe ser nuestra fe. O sea, estar dispuestos a perderlo todo por fe en confianza a las promesas de Dios.
- Muchos tuvieron victorias por su fe como la viuda de Sarepta de Sidón tal como el caso de Abraham **(Gen.22:1-19)**.

Capítulo 4

En La Casa de Cornelio nunca falta la oración.

"1 Había en Cesárea un hombre llamado Cornelio, centurión de la compañía llamada la Italiana, 2 piadoso y temeroso de Dios con toda su casa, y que hacía muchas limosnas al pueblo, **y oraba a Dios siempre.**"

- El verso clave de la lección **Deuteronomio 11:18-20**, "**18** Por tanto, pondréis estas mis palabras en vuestro corazón y en vuestra alma, y las ataréis como señal en vuestra mano, y serán por frontales entre vuestros ojos. **19** Y las enseñaréis a vuestros hijos, hablando de ellas cuando te sientes en tu casa, cuando andes por el camino, cuando te acuestes, y cuando te levantes, **20** y las escribirás en los postes de tu casa, y en tus puertas."

- Notemos que Cornelio (el sacerdote del hogar) acostumbraba a ofrecer su sacrificio de oración a la hora de sacrificio (hora 9na). La hora 9na. era literalmente las 3:00 p.m. (la misma hora de sacrificio de Jesús en **Mat.27:45-50**). No importa a que hora sea su hora 9na. tanto personal como familiar; lo importante es que exista una hora novena en su hogar. Como pudimos notar la oración y culto familiar, bajo el sacerdocio del padre, siempre ha sido el plan divino de Dios para los hogares. En esta lección desempacaremos 10 pasos para desarrollar una casa de oración ferviente y corriente.

Primero: Comience con acción de gracias, alabanza y adoración.

La alabanza y la adoración de acción de gracias son esencial para entrar en la presencia de Dios y estar alerta allí. Estas cosas funcionan para llevarnos a Dios y mantenernos alerta en Su presencia.

Salmos 100: 4, "Entrad por sus puertas con acción de gracias y sus atrios con alabanza. Denle gracias, bendigan su nombre."

Col 4:2, "Dedicaos a la oración, mantenerse alerta en ella con una actitud de

acción de gracias."

Segundo: Aprendan orar según sus promesas Bíblicas.

Haga una lista de promesas de Dios para su vida y luego busque las citas Bíblicas correspondientes. Abra la Biblia, comience a leerla, haga una pausa en cada versículo y conviértala en una oración. Esta es una excelente manera de orar, especialmente si es nuevo en ella. Todas nuestras necesidades están en la palabra de Dios, la Biblia. La forma de combatir eso es orar las escrituras sobre su lista.

- **Aplicación 1:** Primero analicemos la oración de Elías en el sentido literal en **1R.18:36-38, 36** Cuando llegó la hora de ofrecerse el holocausto, se acercó el profeta Elías y dijo: Jehová Dios de Abraham, de Isaac y de Israel, sea hoy manifiesto que tú eres Dios en Israel, y que yo soy tu siervo, y que por mandato tuyo he hecho todas estas cosas. **37** Respóndeme, Jehová, respóndeme, para que conozca este pueblo que tú, oh Jehová, eres el Dios, y que tú vuelves a ti el corazón de ellos.

  38 Entonces cayó fuego de Jehová, y consumió el holocausto, la leña, las piedras y el polvo, y aun lamió el agua que estaba en la zanja.

- **Aplicación 2:** Ahora analicemos la oración de Elías en el sentido Bíblico **36** Cuando llegó la hora de ofrecerse el holocausto, se acercó el profeta Elías y dijo: Jehová Dios de Abraham, de Isaac y de Israel, tu palabra nos promete en **Mateo 18:20**, "donde están dos o tres reunidos en mi nombre, allí estarás en medio de nosotros" y que yo soy tu siervo, y que por mandato tuyo he hecho todas estas cosas. **37** Respóndeme, Jehová, respóndeme, según Su palabra en **Jeremías 33:3**, "Clama a mí, y yo te responderé, y te enseñaré cosas grandes y ocultas que tú no conoces" para que conozca este pueblo que tú, oh Jehová, eres el Dios, y que tú vuelves a ti el corazón de ellos. **38** Entonces cayó fuego de Jehová, y consumió el holocausto, la leña, las piedras y el polvo, y aun lamió el agua que estaba en la zanja.

Practiquen orar con la Certeza de que ya Dios ha respondido.

Dios responde la oración. Hagan un registro de sus peticiones a Dios con su fecha y documenten la fecha de las respuestas de Dios. Esto, en torno, se convertirá en su testimonio de la gracia y bondad de Dios cuando vemos que nuestras oraciones han sido respondidas. También puede ser una imagen de Su influencia soberana sobre nuestras vidas cuando las vemos respondidas de maneras que en realidad no creían ni esperaban.

A veces se necesita la perspectiva del tiempo para ver cómo está trabajando, y a veces es posible que nunca veamos la razón detrás de ciertas respuestas de este lado del cielo, pero aún es un consuelo y alegría saber que el Dios del Universo está escuchando y respondiendo.

- **Una Promesa Bíblica, Marcos 11:24,** "Por tanto, os digo que todo lo que pidiereis orando, creed que lo recibiréis, y os vendrá."

Incluyan todas partes de la oración en sus oración familiar o personal.

1. Adoración a Dios, 2. Alabanzas a Dios, 3. Pedir Perdón, 4. Arrepentimiento,

5. Entrega total, 6. Pedir por el Derrame del Espíritu Santo, 7. Guerra

espiritual, 8. Intercesiones, 9. Peticiones, 10. Meditación en la Palabra,

11. Dar Gracias, 12. Esperar que Dios hable.

Hagan de la oración una prioridad en sus vidas.

Dedicamos tiempo a las cosas que consideramos importantes. Podemos hablar todo el día de querer hacer ejercicio de manera más consistente, pero hasta que se convierta en una prioridad y lo incluimos en su calendario, no va a suceder. Por lo tanto, haga de la oración una prioridad en su vida. Reserve tiempo en su agenda, un lugar específico en su hogar sin distracciones, a una hora especifica, escríbalo en su calendario (por lo menos una vez por semana), y configúrelo como una cita prioritaria.

Incluya días de ayunos con sus oraciones (mínimo una vez por mes)

Otra gran manera de lograr una oración poderosa es la oración con ayuno.

El ayuno es un gran ejercicio espiritual para fortalecer nuestra vida de oración. Jesucristo predicó sobre las recompensas tanto de la oración como del ayuno en **Mateo 6: 5-1.**

También mostró ejemplos de estas disciplinas al ir al desierto a ayunar antes de comenzar su ministerio (**Lucas 4: 1**). Algunos pasajes de las Escrituras también mostraron la importancia del ayuno y la oración antes de las decisiones de eventos importantes.

Ester, por ejemplo, suplicó al pueblo de Dios que ayunaran y oraren antes de acercarse al rey Azuero para evitar el genocidio que él había aprobado (**Ester 4:16**). Más adelante en **Hechos 13: 2-14:23**, también vemos a la iglesia ayunando y orando antes de nombrar líderes ministeriales.

Instruya a su familia ser persistente con sus oraciones.

Una excelente manera de desarrollar una vida de oración poderosa es persistir

en sus oraciones. Jesús dijo en **Mateo 24:13**, "**13** Mas el que persevere hasta el fin, este será salvo." Ven a Dios con valentía y no tengas miedo de orar las mismas oraciones una y otra vez como hizo la viuda en **Lucas 18**, "**3** Y había en aquella ciudad una viuda, la cual venía a él **constantemente**, diciendo: «Hazme justicia de mi adversario». **4** Por algún tiempo él no quiso, pero después dijo para sí: «Aunque ni temo a Dios, ni respeto a hombre alguno, **5** sin embargo, porque esta viuda me molesta, le haré justicia; no sea que por venir continuamente me agote la paciencia»."

De hecho, la Biblia dice que la perseverancia es importante. "Busquen al Señor y su fuerza; ¡buscad su presencia continuamente! "**1 Crónicas 16:11**. Jacob luchó con un ángel en su perseverancia en **Génesis 32: 24-32**. Debemos seguir pidiendo,

enfocándonos en nuestro clamor a Dios un día a la vez y no darnos por vencidos tan fácilmente.

Hacer de la oración una disciplina diaria.

La única forma de desarrollar una vida de oración constante es orar constantemente. La disciplina significa guiar sus pensamientos y acciones de maneras que no siempre quieren seguir. **1 Timoteo 4: 7-8**... Por otro lado, se disciplina usted mismo con el propósito de la piedad (entrénense para vivir una vida piadosa). Vemos los deseos y plan de Dios que nos ayudaran a formar una disciplina de oración diaria.

Mateo 6:9-13, " **9** Vosotros, pues, oraréis así: Padre nuestro que estás en los cielos, santificado sea tu nombre. 10 Venga tu reino. Hágase tu voluntad, como en el cielo, así también en la tierra. **11 El pan nuestro de cada día, dánoslo hoy.** 12 Y perdónanos nuestras deudas, como también nosotros perdonamos a nuestros deudores. 13 Y no nos metas en tentación, más líbranos del mal; porque tuyo es el reino, y el poder, y la gloria, por todos los siglos. Amén."

1 Tesalonicenses 5:17, "Orad sin cesar."

CAPÍTULO 5

INTRODUCCIÓN A LA PARTE 2: LOS CULTOS EN LAS CASAS DE CORNELIO.

Amados, hemos aprendido a cerca de los componentes **cosas** necesarias para levantar o reproducir una "Casa de Cornelio." En la próxima sección, aprenderemos a cerca de los resultados o **efectos** prometidos para una "Casa de Cornelio."

Desempaquemos los versos 3 y 4, "3 Este **vio claramente en una visión**, como a la hora novena del día, que un ángel de Dios entraba donde él estaba, y le decía: Cornelio. 4 El, mirándole fijamente, y atemorizado, dijo: ¿Qué es, Señor? Y le dijo: Tus oraciones y tus limosnas han subido para memoria delante de Dios."

1. Lo primero que debemos notar es que un hogar que practica los principios de una casa de Cornelio debe de esperar una visitación divina de parte de Dios.

2. Se acostumbraba a orar desde la hora sexta (12:00 p.m.) hasta la hora novena, la hora de sacrificios (3:00 p.m.). No se asusten con estas tres horas diarias que se practicaba en la Casa de Cornelio. El Filósofo Creighton Abrams escribió, "Cuando te comas un elefante, consúmalo un bocado a la vez". Abrams, por supuesto, no estaba promoviendo una dieta de carne de elefantes, sino como una metáfora para hacernos saber las metas grandes se logran un paso a la vez.

3. Quizás no podemos empezar con cultos familiares de tres

horas, pero si podemos empezar con un tiempo dedicado a Dios. No se trata de la cantidad de horas, sino la calidad de tiempo que le dedican a Dios.

Una Casa de Cornelio debe saber y provocar revelación de Dios.

Hubo varios eventos Bíblicos del cual podemos aprender y apreciar cómo se provocó la presencia de Dios. Hay referencias como: El pueblo de Israel en el Mar Rojo, Elías en el Monte Carmelo, etc. El Sacerdote Zacarías (padre de Juan el Bautista) y María (madre de Jesús), fueron bendecidos por una visita celestial similar a la de Cornelio. Leamos y analicemos...

Leamos **Lucas 1:1-25**.

1. Zacarías era un sacerdote

Un sacerdote es alguien cuyas responsabilidades incluían ofrecer sacrificios (un tiempo dedicado con su familia) y cuidar el templo del Señor (su hogar), y bendecir el nombre del Señor (**1 Crónicas 23:13**) Adorar a Dios con sus ofrendas. Uno de sus deberes era asegurarse de que el incienso estuviera encendido ante el Señor en todo momento (oraba). Zacarías estaba ofreciendo incienso cuando lo encontramos en el libro de Lucas (**Lc.1: 9**).

Los sacerdotes eran descendientes de Aarón, el primer sumo sacerdote de Israel. Aarón era el hermano de Moisés, el mismo Moisés que sacó a Israel de Egipto.

2. Zacarías era de la tribu de Leví. En lo espiritual, todo padre de un hogar pertenece a la tribu de Levi – Sacerdotes de su hogar, "Mas vosotros sois linaje escogido, real sacerdocio, nación santa, pueblo adquirido por Dios, para que

anunciéis las virtudes de aquel que os llamó de las tinieblas a su luz admirable." **1P.2:9.**

En los tiempos bíblicos, los judíos remontaban su ascendencia a uno de los doce

hijos de Jacob. Zacarías es de la tribu de Leví, las mismas tribus de las que

provienen Moisés, Aarón, Esdras y Asaf, y nuestro Señor Jesucristo a través de su madre – **Lucas 1:5, 36** "**5** Hubo en los días de Herodes, rey de Judea, un sacerdote llamado Zacarías, de la clase de Abías; su mujer era de las hijas de Aarón, y se llamaba Elizabet... **36** Y he aquí tu parienta Elisabet, ella también ha concebido hijo en su vejez; y este es el sexto mes para ella, la que llamaban estéril."

3. Zacarías siguió la ley de Moisés (se sometía a la Palabra de Dios, **Santiago 4:7**). Lucas nos dice que tanto Zacarías como su esposa Isabel eran "irreprensibles" en lo que respecto al Torá: observaron todos los decretos y mandamientos del Señor (**Lc 1: 6**).

4. Zacarías fue la primera persona en el Nuevo Testamento que habla con un ángel (cronológicamente). La mayoría de nuestras historias del nacimiento de Jesús comienzan con un ángel hablando con María o con José, ¿verdad? Bueno, cuando Lucas inicia su historia de Jesús, comienza con un ángel hablando con el pariente de Jesús, Zacarías.

Zacarías estaba ministrando en el templo cuando aparece un ángel (El acostumbraba a congregarse **Hebreos 10:24-25**). El ángel le dice a Zacarías que su esposa dará a luz un hijo: uno que irá delante del Señor (Jesús). Esta conversación

habría tenido lugar antes de la visita de María o José de los ángeles anunciando el próximo nacimiento de Cristo.

5. Zacarías es viejo y (al principio) no tiene hijos (tipo de cualquier necesidad en su familia). Lucas reveló muchos milagros de figuras importantes en la historia de Israel. Zacarías e Isabel son ejemplos de los tipos de milagros y prodigios de Dios para sus fieles. Notemos que eran ancianos y no tenían hijos: similar a como eran Abraham y Sara antes del nacimiento de Isaac. Recuerde lo que nos dice Jehová, "No hay nada imposible para El."

He aquí algunas vitaminas para nuestra fe:

- Yo soy el Señor, Dios de toda la humanidad. ¿Hay algo imposible para mí? **Jeremías 32:27**
- Por la poca fe que tienen —les respondió—. Les aseguro que, si tuvieran fe tan pequeña como un grano de

mostaza, podrían decirle a esta montaña: "Trasládate de aquí para allá", y se trasladaría. Para ustedes nada sería imposible. **Mateo 17:20**

- Porque para Dios no hay nada imposible. **Lucas 1:37**
- Lo que es imposible para los hombres es posible para Dios. **Lucas 18:27**
- Es, pues, la fe la certeza de lo que se espera, la convicción de lo que no se ve. **Hebreos 11:1**
- En realidad, sin fe es imposible agradar a Dios, ya que cualquiera que se acerca a Dios tiene que creer que él existe y que recompensa a quienes lo buscan. **Hebreos 11:6**

Es importante notar que era vergonzoso no tener hijos (a veces eran señales de maldición generacionales) en la sociedad hebrea. Lo contrario se pensaba cuando eran bendecidos con muchos hijos tal como Job y Jacob. Gracias a Dios que el

Salmo 37:25, "Joven fui, y he envejecido, Y no he visto justo desamparado, Ni su descendencia que mendigue pan." Aún está vigente.

6. Zacarías oró por un niño (aún a su edad avanzada).

Lucas no registra la oración de Zacarías. Pero el ángel que lo visita sí menciona que había orado para tener un hijo (**Lc. 1, 13**). Este es el mismo ángel que le declaró a María, la madre de Jesús en **Lc.1:37**, "nada hay imposible para Dios."

- Como podemos apreciar, la verdadera prosperidad se encuentra en los hogares de los justos – **Josué 1:8**.
- El Profeta Daniel también representa a los justos que provocan revelaciones de Dios – **Daniel 10:1-12**, "11 Y me dijo: Daniel, varón muy amado, está atento a las palabras que te hablaré, y ponte en pie; porque a ti he sido enviado ahora. Mientras hablaba esto conmigo, me puse en pie temblando. 12 Entonces me dijo: Daniel, no

temas; porque desde el primer día que dispusiste tu corazón a entender y a humillarte en la presencia de tu Dios, fueron oídas tus palabras; y a causa de tus palabras yo he venido."

47

C A P Í T U L O 6

L A C A S A D E C O R N E L I O M A N T I E N E S U S P U E R T A S A B I E R T A S A L E V A N G E L I O D E J E S U C R I S T O.

5 Envía, pues, ahora hombres a Jope, y haz venir a Simón, el que tiene por sobrenombre Pedro. 6 Este posa en casa de cierto Simón curtidor, que tiene su casa junto al mar; él te dirá lo que es necesario que hagas. 7 Ido el ángel que hablaba con Cornelio, éste llamó a dos de sus criados, y a un devoto soldado de los que le asistían; 8 a los cuales envió a Jope, después de haberles contado todo.

La casa de Cornelio empieza con una invitación o abriendo sus puertas a los siervos de Dios. Este versículo nos introduce a lo que se convertirá en lo que hoy conocemos como una casa de Paz. Hubo muchas evidencias de las bendiciones que fluyeron en el hogar a causa de una invitación por evangelio de Cristo. Recuerde que no le están abriendo sus puertas al hombre sino a Jesús – **Apocalipsis 3:20.**

- La bendición de Marta y sus hermanos. **Lucas 10:38-42,** "**38** Aconteció que, yendo de camino, entró en una aldea; y una mujer llamada Marta le recibió en su casa. **39** Esta tenía una hermana que se llamaba María, la cual, sentándose a los pies de Jesús, oía su palabra **40** Pero Marta se preocupaba con muchos quehaceres, y

48

acercándose, dijo: Señor, ¿no te da cuidado que mi hermana me deje servir sola? Dile, pues, que me ayude. **41** Respondiendo Jesús, le dijo: Marta, Marta, afanada y turbada estás con muchas cosas. 42 Pero sólo una cosa es necesaria; y María ha escogido la buena parte, la cual no le será quitada." – No hay mejor parte en su hogar que la palabra ungida de Dios.

- La bendición de Zaqueo. **Lucas 19:1-10,** "1 Habiendo entrado Jesús en Jericó, iba pasando por la ciudad. 2 Y sucedió que un varón llamado Zaqueo, que era jefe de los publicanos, y rico, 3 procuraba ver quién era Jesús; pero no podía a causa de la multitud, pues era pequeño de estatura. 4 Y corriendo delante, subió a un árbol sicómoro para verle; porque había de pasar por allí. 5 Cuando Jesús llegó a aquel lugar, mirando hacia arriba, le vio, y le dijo: Zaqueo, date prisa, desciende, porque hoy es necesario que pose yo en tu casa. 6 Entonces él descendió aprisa, y le recibió gozoso. 7 Al ver esto, todos murmuraban, diciendo que había entrado a posar con un hombre pecador. 8 Entonces Zaqueo, puesto en pie, dijo al Señor: He aquí, Señor, la mitad de mis bienes doy a los pobres; y si en algo he defraudado a alguno, se lo devuelvo cuadruplicado. **9 Jesús le dijo: Hoy ha venido la salvación a esta casa; por cuanto él también es hijo de Abraham.** – Los que abren las puertas de sus casas reciben las bendiciones de Abraham.

Tal como Saqueo hoy día, pasa cada de Cornelio disfrutara de las bendiciones de Abraham. ¿Y cuáles son las bendiciones de Abraham? – Buena Pregunta!

Hay más de 40 bendiciones en la Palabra dadas a Abraham, ya sea para él o para aquellos que serían bendecidos a través de sus bendiciones. En la siguiente lección enumeramos sólo siete de las bendiciones dadas a Abraham el cual recibimos a través de él como "gentiles".

El Apóstol Pablo nos recuerda en **Gálatas 3:6-9**, "**6** Así Abraham creyó a Dios, y le fue contado por justicia. **7 Sabed, por tanto, que los que son de fe, éstos son hijos de Abraham.8** Y la Escritura, previendo que Dios había de justificar por la fe a los gentiles, dio de antemano la buena nueva a Abraham, diciendo: En ti serán benditas todas las naciones. **9 De modo que los de la fe son bendecidos con el creyente Abraham.**"

1. La Primera Bendición se Encuentra en Génesis 12:1, "Pero Jehová había dicho a Abram: Vete de tu tierra y de tu parentela, y de la casa de tu padre, **a la tierra que te mostraré.**" – Dios, quien desea guiarnos por Su Espíritu, le gustaría guiarnos al lugar en nuestra vida para servirle. ¡Recuerde que Dios nos bendice para ser de bendición!

- Como Abraham, Dios nos guía a muchas partes de nuestras vidas con el propósito de bendecirnos y para ser de bendición a otros: Dios nos guía a nuestro cónyuge, Dios nos guía a nuestra iglesia, Dios nos guía a nuestra carrera, Dios nos guía a nuestro trabajo, Dios nos guía a nuestro llamado, etc. **¡En ningún momento Abraham utilizo sus bendiciones como excusas para apartarse de Dios!**

NOTA: Si acaso no lo sabias, Abraham diezmaba antes que Moisés lo incluyera como parte de las leyes de Dios, "17 Cuando volvía de la derrota de Quedorlaomer y de los reyes que con él estaban, salió el rey de Sodoma a recibirlo al valle de Save, que es el Valle del Rey. 18 Entonces Melquisedec, rey de Salem y sacerdote del Dios Altísimo, sacó pan y vino; 19 y le bendijo, diciendo: Bendito sea Abram del Dios Altísimo, creador de los cielos y de la tierra; 20 y bendito sea el Dios Altísimo, que entregó tus enemigos en tu mano. **Y le dio Abram los diezmos de todo.**"

2. La Segunda Bendición se Encuentra en **Genesis 12:2a, "Y**

haré de ti una nación grande, y te bendeciré, y engrandeceré tu nombre, y serás bendición." (vimos esta evidencia en la Casa de Cornelio – "[Cornelio] hacía muchas limosnas al pueblo").

- Somos parte de una gran familia, la familia de Dios. No nos auto-sumamos a ella. Es a través de un nuevo nacimiento a través de Jesús. Asistiendo a una iglesia aún no es suficiente. Debes nacer de nuevo y ser bautizado. Leamos (**Hechos 16:23-30**).

3. La Tercera Bendición se Encuentra en **Génesis 12:2b**, "Y haré de ti una nación grande, **y te bendeciré**, y engrandeceré tu nombre, y serás bendición."

- Dios quiere bendecirnos y satisfacer todas las necesidades de nuestra vida. **Filipenses 4:19**...Pero mi Dios suplirá todas vuestras necesidades conforme a sus riquezas en gloria en Cristo Jesús.
- Él sabe lo que necesitamos antes de que lo conozcamos nosotros mismos.
- Él quiere que tengamos vida y más abundancia. **Juan 10:10**... El ladrón no viene, sino para robar, matar y destruir: yo he venido para que tengan vida, y para que la tengan en abundancia.
- Dios Hará más de lo que podemos pensar o pedir. Según el poder en nosotros, que es el Espíritu Santo. **Efesios 3:20**... Y al que puede hacer todas las cosas

mucho más abundantemente de lo que pedimos o entendemos, según el poder que obra en nosotros.

4. La Cuarta Bendición se Encuentra en **Génesis 12:1c**, "Y haré de ti una nación grande, y te bendeciré, **y engrandeceré tu nombre**, y serás bendición."

- La Palabra nos dice que nuestro nombre está escrito en el libro de la vida Su nombre no puede ser más engrandecido que ser escrito en el libro de vida con "la tinta" de la sangre de Cristo. ¡Alabado sea el Señor! – Esto explica porque Jesús les dijo a sus discípulos en **Lucas 10:20**, "Pero no os regocijéis de que los espíritus se os sujetan, sino regocijaos de que **vuestros nombres están escritos en los cielos**."

NOTA 1: Esta es una oportunidad para hacer la mejor y más importante decisión de su vida si no conoces a Jesús como su Salvador personal. Porque Dios no es Dios de casualidad. Si Él le ha guiado a estudiar este manual hasta este momento, es porque Él también quiere, ¡**"engrandecer su nombre" y escribir su nombre en Su libro en estos momentos!**

Oremos, "Señor Jesús, reconozco que soy pecador(ra), perdona mis pecados cual ha causado una maldición en mi vida. Yo te abro las puertas de mi corazón para que entres y cenes conmigo y yo cenare contigo (**Apo.3:20**). Señor Dios, tu palabra me promete que, si confieso mis pecados, Usted es fiel y justo para perdonar mis pecados, y limpiarme de toda maldad (**1Jn.1:9**). Por fe, escribe mi nombre en su libro de la vida y seré salvo del lago de fuego (**Apo.20:15**).

Señor Jesús, hoy te recibo y por fe me declaro hecho un hijo(a) de Dios (**Juan 1:12**). En el nombre de Jesús, ¡Amen!

- Felicidades en su nuevo nacimiento y día de cumpleaños en el cuerpo de Cristo. En estos momentos los ángeles están celebrando su cumpleaño celestial en los cielos, "Os digo que así habrá más gozo en el cielo por un pecador que se arrepiente, que por noventa y nueve justos que no necesitan de arrepentimiento." - **Lucas 5:17.**

Sigamos...

5. La Quinta Bendición se Encuentra en **Génesis 12:1d,** "Y haré de ti una nación grande, y te bendeciré, y engrandeceré tu nombre, **y serás bendición.**"

- Dios quiere que seamos una bendición para todas las personas. Sea dando su vida por otros (no literalmente) o compartiendo las Buenas Nuevas del Evangelio de Cristo (evangelismo).
- Como las plantas de su casa, ser de bendición es ser sembrado en buena tierra, "Mas el que fue sembrado en buena tierra, éste es el que oye y entiende la palabra, y da fruto; y produce a ciento, a sesenta, y a treinta por uno." – **Marcos 13:23.**
- Su hogar (Casa de Cornelio) producirá frutos hasta el ciento por uno porque ha sido sembrada en buena tierra a través de la Palabra de Dios.
- **NOTA 2:**Por algo el Salmista proclamó por su experiencia personal en **Salmos 92:12-15,** "12 El justo florecerá como la palmera; Crecerá como cedro en el Líbano. 13 **Plantados** en la casa de Jehová, En los atrios de nuestro Dios florecerán. 14 Aun en la vejez fructificarán; Estarán vigorosos y verdes, 15 Para anunciar que Jehová mi fortaleza es recto, Y que en él no hay injusticia."

6. La Sexta Bendición se Encuentra en **Génesis 12:3a, "Bendeciré a los que te bendijeren,** y a los que te maldijeren maldeciré; y serán benditas en ti todas las familias de la tierra."

- Dios no solo quiere bendecirnos, sino que también que seamos una bendición para otros. Este sería un buen momento para declarar (en voz alta) como Josué declaro en **Josué 24:15,** "Pero, si a ustedes les parece mal servir al Señor, elijan ustedes mismos a quiénes van a servir: a los dioses que sirvieron sus antepasados al otro lado del río Éufrates, o a los dioses de los amorreos, en cuya tierra ustedes ahora habitan. Por mi parte, mi familia y yo serviremos al Señor»".

- Cuando bendecimos a otros, podemos esperar ser bendecido aún más por Dios, "Pero esto digo: El que siembra escasamente, también segará escasamente; y el que siembra generosamente, generosamente también segará." – **2 Corintios 9:6.**

NOTA 3: He aquí más lluvias de bendiciones por estar dispuestos a ser de bendición a otros...

- **Deuteronomio 16:**17, "Cada hombre dará lo que pueda, de acuerdo con la bendición que el SEÑOR tu Dios te haya dado."
- **Salmos 41:1**, "Bienaventurado el que piensa en el pobre; en el día del mal el SEÑOR lo librará."
- **Proverbios 11:25**, "El alma generosa será prosperada, y el que riega será también regado."
- **Proverbios 19:17**, "A Jehová presta el que da al pobre, Y el bien que ha hecho, se lo volverá a pagar."
- **Proverbios 22:9**, "El generoso será bendito, porque da de su pan al pobre."
- **Mateo 5:7**, "Bienaventurados los misericordiosos, pues ellos recibirán misericordia."
- **Hebreos 13:**16, "Y no os olvidéis de hacer el bien y de la ayuda mutua, porque de tales sacrificios se agrada Dios."

7. La séptima bendición de Abraham se Encuentra en **Génesis 12:3c,** "Bendeciré a los que te bendijeren, y a los que te maldijeren maldeciré; **y serán benditas en ti todas las familias de la tierra.**"

- Como Cornelio y su familia, nuestros actos de obediencia, fe, rectitud y andar en el poder del Espíritu Santo bendecirán a todas las familias de la tierra.
- Debemos desearlo con todo nuestro corazón y luego bendeciremos a todas las familias de la tierra.
- Lo hacemos cuando caminamos y vivimos en la Palabra y el Espíritu.
- Dios está más ansioso por otorgarnos sus bendiciones que nosotros por recibirlas.

NOTA 4: Analicemos de donde vino la prosperidad de la Casa de Cornelio.

- **Deuteronomio 29:**9, "Así que ustedes d**eben cumplir con las palabras de este pacto**, y ponerlas por obra, para que prosperen en todo lo que hagan."
- **Josué 1:7-8**, "Pero tienes qué esforzarte y ser muy valiente. **Pon mucho cuidado y actúa de acuerdo con las leyes que te dio mi siervo Moisés. Nunca te apartes de ellas**, ni a la derecha ni a la izquierda, **y así tendrás éxito en todo lo que emprendas**. Procura que **nunca se aparte de tus labios este libro de la ley. Medita en él de día y de noche**, para que **actúes de acuerdo con todo lo que está escrito en él. Así harás que prospere tu camino, y todo te saldrá bien.**
- **2 Crónicas 26:5**, "Mientras vivió Zacarías, que era un hombre entendido en visiones de Dios, Uzías no dejó de buscar a Dios; **y mientras lo buscó, el Señor le dio prosperidad.**"
- **3 Juan 2**, "Amado, deseo que seas prosperado en todo, y que tengas salud, a la vez que tu **alma prospera.**"

En todos lo casos vemos una conexión entre buscar de Dios, ser fiel a la Palabra,

y mantener nuestra fe en alta. Según **Proverbios 10:22**, las verdaderas bendiciones de Dios son las que enriquece, Y no añaden tristeza. Este sería un momento para detenernos y hacer un análisis de las "bendiciones" que tenemos. Si no hay gozo, es tiempo de reevaluar si en realidad fueron proveídas por Dios. Recordemos que Abraham fue prosperado en todo (**Genesis 13:2**), aun fue considerado amigo de Dios (**Santiago 2:23**), ni aun así NUNCA utilizo sus bendiciones como excusas para apartarse de Dios.

CAPÍTULO 7

LA CASA DE CORNELIO FUE CREADA PARA MOSTRAR QUE EN DIOS NO HAY ACEPCIÓN DE PERSONAS (ROMANOS 2:11).

9 Al día siguiente, mientras ellos iban por el camino y se acercaban a la ciudad, Pedro subió a la azotea para orar, cerca de la hora sexta. **10** Y tuvo gran hambre, y quiso comer; pero mientras le preparaban algo, le sobrevino un éxtasis; **11** y vio el cielo abierto, y que descendía algo semejante a un gran lienzo, que atado de las cuatro puntas era bajado a la tierra; **12** en el cual había de todos los cuadrúpedos terrestres y reptiles y aves del cielo. **13** Y le vino una voz: Levántate, Pedro, mata y come. **14** Entonces Pedro dijo: Señor, no; porque ninguna cosa común o inmunda he comido jamás. **15** Volvió la voz a él la segunda vez: Lo que Dios limpió, no lo llames tú común. **16** Esto se hizo tres veces; y aquel lienzo volvió a ser recogido en el cielo. **17** Y mientras Pedro estaba perplejo dentro de sí sobre lo que significaría la visión que había visto, he aquí los hombres que habían sido enviados por Cornelio, los cuales, preguntando por la casa de Simón, llegaron a la puerta. **18** Y llamando, preguntaron si moraba allí un Simón que tenía por sobrenombre Pedro. **19** Y mientras Pedro pensaba en la visión, le dijo el Espíritu: He aquí, tres hombres te buscan.**20** Levántate, pues, y desciende y no dudes de ir con ellos, porque yo los he enviado.

La Casa de Cornelio es Un Tesoro Para Dios. La Palabra de Dios nos dice en **1Co.1:27-28**, "27 sino que lo necio del mundo escogió

Dios, para avergonzar a los sabios; y lo débil del mundo escogió Dios, para avergonzar a lo fuerte; 28 y lo vil del mundo y lo menospreciado escogió Dios, y lo que no es, para deshacer lo que es."

Tengamos en cuenta que la visión del lienzo del Apóstol Pedro no se trataba de los animales ni mucho menos el tipo de comida. Se trataba de "no llamar inmundo lo que Dios ha bendecido." Y estos son usted y yo, los gentiles de la tierra. Los judíos estaban convencidos hasta este momento en la historia de la nueva iglesia Neotestamentaria que ellos eran los únicos que tenían acceso a Dios. Los judíos pensaban que tenía "monopolizado" al Espíritu de Dios. O sea, solo ellos tenían el derecho de ser visitado por el Espíritu Santo. Aprenderemos que ese no era el caso más adelante.

Dios ha extendido su Santo Espíritu a los gentiles desde Hechos capítulo 8:26-40. En el libro de los hechos de los Apóstoles, se narra una historia muy interesante a cerca de un Evangelista llamado Felipe y un gentil Etíope. Dice las escrituras que fue guiado por el Espíritu Santo, tal como lo hizo con el Apóstol Pedro y el gentil Cornelio.

Notemos que Dios comisionó al Apóstol Pablo como, "El Apóstol de los Gentiles." El Apóstol Pablo lo confirma en **Romanos 11:13**, "Porque a vosotros hablo, gentiles. Por cuanto yo soy apóstol a los gentiles, honro mi ministerio"

La Casa de Cornelio es un ministerio múltiple. V.24, "Al otro día entraron en Cesarea. Y Cornelio los estaba esperando, **habiendo convocado a sus parientes y amigos más íntimos**."

- Cuando Dios siembra un ministerio, Dios espera que produzcan frutos - "por sus frutos los conoceréis" (**Mateo 7:16**).
- Este ha sido el plan de Dios desde el principio, "Y los bendijo con estas palabras: «Sean fructíferos y multiplíquense; llenen la tierra y sométanla; dominen a los peces del mar y a las aves del cielo, y a todos los reptiles que se arrastran por el suelo»" – **Gen.1:28**. – Establezca una silla vacía en cada reunión como un acto

profético y dedíquense a plantar un alma para Cristo
cada semana que se reúnen.

NOTA 1: A partir del versículo 15, leemos este contexto: "Guardaos de los falsos profetas, que vienen a vosotros con vestidos de ovejas, pero por dentro son lobos rapaces. Por sus frutos los conoceréis. ¿Acaso se recogen uvas de los espinos, o higos de los abrojos? Así, todo buen árbol da buenos frutos, pero el árbol malo da frutos malos. No puede el buen árbol dar malos frutos, ni el árbol malo dar frutos buenos. Todo árbol que no da buen fruto es cortado y echado en el fuego. Así que, por sus frutos los conoceréis" (**Mateo 7:15-20**).

El séptimo capítulo del Evangelio de Mateo es una mina de oro de enseñanzas, desde el popular versículo 1 hasta la conocida parábola del sabio que construye su casa sobre la roca (**versículos 24-27**). En los versículos 21-23, Jesús hace un anuncio escalofriante a muchos que creían pertenecer a Él. Les advirtió que en el Día del Juicio Final le oirán decir: "Nunca os conocí; apartaos de mí". Justo antes de esa advertencia, Jesús había acusado a aquellos que pretendían seguirle, pero cuyas vidas indicaban otra cosa. Dijo a Sus seguidores que el "fruto" de sus vidas demostraba lo que había en sus corazones (**Marcos 7:20-23**).

Cuando Jesús dice: "Por sus frutos los conoceréis", ¿qué significa "frutos"? Jesús ilustró las viñas y las higueras. Cuando vemos viñas, esperamos que produzcan
uvas en la temporada. También esperamos que las higueras produzcan higos.

Un agricultor que observa que uno de sus árboles frutales no da fruto lo cortará. Es inútil. De la misma manera, no nos acercaríamos a un campo con árboles llenos de puras hojas y esperaríamos recoger frutos. De igual manera, nosotros como los cardos y los arbustos espinosos nunca podremos producir frutos debido a nuestra naturaleza pecaminosa. Sin Cristo, nunca tendremos capacidad para producir nada más que espinas (**Mateo 12:33**). Por algo Jesús nos dijo en **Juan 15:5-6**, "**5** Yo soy la vid, vosotros los pámpanos; el que permanece en mí, y yo en él, este lleva mucho fruto; porque separados de mí nada podéis hacer. **6** El que en mí no permanece, será echado fuera como pámpano, y se secará; y los recogen, y los echan en el fuego, y arden." – Este fuego es equivalente al infierno. En pocas palabras, las llamas del infierno nunca se apagarán porque estará lleno de pámpanos secos.

En nuestras vidas, cada palabra y cada acción es fruto de nuestro corazón. Los pecadores pecan porque eso es lo que hay en sus corazones. Los ladrones roban, los violadores atacan y los adúlteros engañan porque esos pecados son el fruto que produce un corazón malo. Los corazones malos producen malos frutos.

La Biblia nos declara en **Mateo 12:34**, "De la abundancia del corazón habla la boca." Por algo el Salmista también dijo, "En mi corazón he atesorado Tu palabra,

Para no pecar contra Ti." **Salmos 119:11**.

Cuando Jesús dijo: "Por sus frutos los conoceréis" con respecto a los falsos maestros, nos estaba dando una guía para identificarlos. Los falsos profetas, habladores de mentiras, realizarán acciones que corresponden a su mensaje engañoso. Así como su mensaje es anti-Bíblico, también lo serán sus obras. Se desviarán del camino de la justicia. ¿Pero cómo sabrás discernir lo falso de lo verdadero separado del Espíritu de Dios en Jesús? El Apóstol Pablo dijo en **2Co.2:14**, "Pero el hombre natural no percibe las cosas que son del Espíritu de Dios, porque para él son locura, y no las puede entender, porque se han de discernir espiritualmente." El Apóstol Juan también lo confirma en **1Jn.4:1**, "Amados, no creáis a todo espíritu, sino probad los espíritus si son de Dios; porque muchos falsos profetas han salido por el mundo."

Cuando nos arrepentimos de nuestro pecado y recibimos a Jesús como Señor de nuestras vidas (**Juan 1:12; Hechos 2:38**), Él cambia nuestros corazones (**2 Corintios 5:17**). Ahora el fruto que se produce es un buen fruto. **Gálatas 5:22-23** enumera las nueve manifestaciones que produce un corazón en sintonía con Dios. Nuestras actitudes, acciones, palabras y perspectivas cambian a medida que caminamos en comunión con el Espíritu Santo (**1 Juan 1:6-7**). Cuando nuestros corazones cambian, nuestro fruto cambia.

Muchos falsos profetas han venido y se han ido, y muchos de ellos vivían en pecado flagrante mientras predicaban su mensaje. Los falsos maestros pueden mostrar el "fruto" de la inmoralidad sexual, la avaricia, el materialismo, la glotonería y otros pecados mientras justifican su comportamiento y se muestran como algo santo. Desafortunadamente, muchas personas a través de los años han sido engañadas para seguir a tales personajes y unirse a ellos para justificar el pecado. Si tan sólo hubieran prestado atención a la advertencia de Jesús de que "por sus frutos los conoceréis". No importa cuán bueno o convincente suene alguien, si está dando malos frutos, hay que evitar su mensaje.

Esto explica porque el Apóstol Pedro tuvo la necesidad de mostrar sus frutos ante la Casa de Paz de Cornelio en **Hechos 10**, **"39Y nosotros somos testigos de todas las cosas que Jesús hizo en la tierra de Judea y en Jerusalén**; a quien mataron colgándole en un madero. **40** A este levantó Dios al tercer día, e hizo que se manifestase; **41no a todo el pueblo, sino a los testigos que Dios había ordenado de antemano, a nosotros que comimos y bebimos con él después que resucitó de los muertos.42Y nos mandó que predicásemos al pueblo, y testificásemos que él es el que Dios ha puesto por Juez de vivos y muertos.** 43 De este dan testimonio todos los profetas, que todos los que en él creyeren, recibirán perdón de pecados por su nombre."

Cuando nuestro Juan el Bautista quería una señal que Jesús era el Mesías, Jesús no le respondió como le respondía a los Fariseos como en una ocasión después de sanar a un paralítico en el estanque de Betesda, "17 Y Jesús les respondió: Mi Padre hasta ahora trabaja, y yo trabajo. 18 Por esto los judíos aún más procuraban matarle, porque no solo quebrantaba el día de reposo, **sino que también decía que Dios era su propio Padre, haciéndose igual a Dios."** **– Jn.5:17-18**. Jesús simplemente le contesto a través de sus frutos en **Lucas 7:22-23**, "**22** Y respondiendo Jesús, les dijo: Id, haced saber a Juan lo que habéis visto y oído: los ciegos ven, los cojos andan, los leprosos son limpiados, los sordos oyen, los muertos son resucitados, y a los pobres es anunciado el evangelio; **23** y bienaventurado es aquel que no halle tropiezo en mí." Frutos que aun algunos

Fariseos admitieron que solo podría venir de parte de Dios, "1 Había un hombre de los fariseos que se llamaba Nicodemo, un principal entre los judíos. 2 Este vino a Jesús de noche, y le dijo: **Rabí, sabemos que has venido de Dios como maestro; porque nadie puede hacer estas señales que tú haces, si no está Dios con él.**"

Cuando se trata producir frutos para Dios. Dios espera que su pueblo se encuentre en tres de las cuatro posiciones. Ya hemos introducido la primera posición, "producir frutos para Dios."

Jesús lo confirmó la segunda posición en **Juan 15:8**, "En esto es **glorificado** mi Padre, en que **llevéis** mucho fruto, y seáis así mis discípulos." – La palabra "glorificado" en este contexto también se refiera a "revelado." O sea, Dios se revela, muestra Su rostro, o visita a los que llevan mucho fruto.

- El **llevar fruto** implica ser de bendición a otras familias y nuestros ministerios según Dios nos guíe.
- Por lo tanto, si vamos a LLEVAR Su fruto, deberíamos llevarnos y cuidar de nosotros mismos y de otros que son de la "vid", ¿verdad? Al producir SU fruto debemos: Leer la Palabra de Dios todos los días, orando por los demás todos los días, practicando las buenas obras en SU nombre, y ser un ejemplo piadoso para los demás en nuestra vida diaria entre otros.
- Como FRUTOS y siervos de Dios, maduramos, y debemos ayudar a otros en la vid a hacer lo mismo. Podemos ser los "mejores para reproducir" de esta manera.
- Dios puede "escogernos" para servir en un país extranjero, para ser pastores, para enseñar una clase de escuela dominical, para enseñar las escrituras a otros, para ser un estímulo para muchos o para ser un

guerrero/ra de oración. No importa en que posición estamos – lo importante es producir frutos donde Dios nos plantó.

- Determina "dar fruto", es decir, cuidar tu fruto y cuidar a las personas que te rodean, cristianos y no cristianos. De esta manera madurarán y ellos estarán listos para la cosecha que traerá honor y gloria a Dios.

Además de PRODUCIR Y LLEVAR, Dios también espera que DEMOS mucho

fruto. Jesús dijo, "Yo soy la vid, vosotros los pámpanos; el que permanece en mí, y yo en él, ése da mucho fruto; porque sin mí nada podéis hacer" - **Juan 15: 5**.

En pocas Palabras, no seamos mezquinos con lo que Dios nos ha dado. Jesús dijo en **Mateo 10:8**, "Sanad enfermos, limpiad leprosos, resucitad muertos, echad fuera demonios; **de gracia recibisteis, dad de gracia.**"

Dios no nos llamó a ser "pámpanos" desconectados de la vid, sino a ser pámpanos conectados que producen, llevan, y dan mucho fruto.

La cuarta posición que podemos estar cuando se trata de dar fruto es evitar ser un pámpano ESTERIL. Estoy seguro de que estarás de acuerdo conmigo cuando le digo, "no hay nada más frustrante que sembrar un árbol que no produce los frutos que esperábamos."

- Un Pámpano que no **produce fruto** (estéril) toma el riesgo de ser maldecido por Dios, "18 Por la mañana, cuando volvía a la ciudad, Jesús sintió hambre. 19 Vio una higuera junto al camino y se acercó a ella, pero no encontró más que hojas. Entonces le dijo a la higuera: —¡Nunca más vuelvas a dar fruto! Y al instante la higuera se secó." – **Mateo 21:18-19.**
- Un Pámpano que no **lleva fruto** (estéril) toma el riesgo de ser rechazado por Jesús en día de juicio, "21 No todo

el que me dice: Señor, Señor, entrará en el reino de los cielos, sino el que hace la voluntad de mi Padre que está en los cielos. 22 Muchos me dirán en aquel día: Señor, Señor, ¿no profetizamos en tu nombre, y en tu nombre echamos fuera demonios, y en tu nombre hicimos muchos milagros? 23 Y entonces les declararé: Nunca os conocí; apartaos de mí, hacedores de maldad. -**Mateo 7:21-23**

- Un Pámpano que no **da fruto** (estéril) toma riesgo de ser cortado y quemado en el infierno, "El que en mí no permanece, será echado fuera como pámpano, y se secará; y los recogen, y los echan en el fuego, y arden." – **Juan 15:6**

CAPÍTULO 8

LA CASA DE CORNELIO ES UNA CASA DEDICADA A RECIBIR LA PALABRA DE DIOS.

21 Entonces Pedro, descendiendo a donde estaban los hombres que fueron enviados por Cornelio, les dijo: He aquí, yo soy el que buscáis; ¿cuál es la causa por la que habéis venido? **22** Ellos dijeron: Cornelio el centurión, varón justo y temeroso de Dios, y que tiene buen testimonio en toda la nación de los judíos, ha recibido instrucciones de un santo ángel, de hacerte venir a su casa para oír tus palabras. **23** Entonces, haciéndoles entrar, los hospedó. Y al día siguiente, levantándose, se fue con ellos; y le acompañaron algunos de los hermanos de Jope. **24** Al otro día entraron en Cesarea. Y Cornelio los estaba esperando, habiendo convocado a sus parientes y amigos más íntimos. **25** Cuando Pedro entró, salió Cornelio a recibirle, y postrándose a sus pies, adoró. **26** Mas Pedro le levantó, diciendo: Levántate, pues yo mismo también soy hombre. **27** Y hablando con él, entró, y halló a muchos que se habían reunido. **28** Y les dijo: Vosotros sabéis cuán abominable es para un varón judío juntarse o acercarse a un extranjero; pero a mí me ha mostrado Dios que a ningún hombre llame común o inmundo; **29** por lo cual, al ser llamado, vine sin replicar. Así que pregunto: ¿Por qué causa me habéis hecho venir? **30** Entonces Cornelio dijo: Hace cuatro días que a esta hora yo estaba en ayunas; y a la hora novena, mientras oraba en mi casa, vi que se puso delante de mí un varón con vestido resplandeciente, **31** y dijo: Cornelio, tu oración ha sido oída, y tus limosnas han sido recordadas delante de Dios. **32** Envía, pues, a Jope, y haz venir a Simón el que tiene por sobrenombre Pedro, el cual mora en casa de Simón, un curtidor, junto al mar; y cuando llegue, él te hablará. **33** Así que luego envié por ti; y tú has hecho bien en venir. Ahora, pues, todos nosotros estamos aquí en la presencia de Dios, para oír todo lo que Dios te ha mandado.

En esta sección desempacaremos varios temas a cerca de lo que se espera que ocurra en una casa de paz a cualquiera que le abre sus puertas a un/a siervo/a de Dios para traer la Palabra de Dios.

El testimonio de una viuda: **2 de Reyes 4:8-30.**

- La mujer Sunamita: Este pasaje muestra como Dios honra a los que honran a sus siervos. Leamos **Mateo 10:41-42**. Cuando confiamos en Dios lo suficiente para abrirle nuestras puertas, su presencia libera a los que posan en ese hogar, "Porque el Señor es el Espíritu; y donde está el Espíritu del Señor, allí hay libertad." **2Co.3:17.** Y Dios no hizo acepción en el hogar de la Sunamita y tampoco hará acepción en su hogar.

Empezando desde el verso 8 leemos: **2 Reyes 4:8,** "Aconteció también que un día pasaba Eliseo por Sunem; y había allí una mujer importante, que le invitaba insistentemente a que comiese; y cuando él pasaba por allí, venía a la casa de ella a comer."

Es interesante notar, las diferencias de las viudas mencionadas en la Biblia, (La viuda de **Naín**-Por necesidad de resucitar algo que había muerto en su vida; La viuda de **Sarepta**-Por necesidad financiera; La **viuda y el Juez**-Por necesidad de justicia, etc.), esta viuda **Sunamita** aparentemente no tenía necesidad ni invitó al siervo de Dios a su hogar por causa de una necesidad o juicio. Lo que ella no sabía es que Dios si vió una necesidad más grave en ese hogar y era la necesidad de la salvación.

También como podemos notar, esta viuda acostumbraba a abrir sus puertas al siervo de Dios. Quizás no leímos directamente a cerca de la casa de paz, pero si sabemos que según las costumbres hebreas las cenas siempre incluían un tipo de enseñanza de la palabra de Dios.

2 de Reyes 4:9, "Y ella dijo a su marido: He aquí ahora, yo entiendo que éste que siempre pasa por nuestra casa, es varón santo de Dios" (fue reconocido por sus frutos)

Como podemos notar, esta viuda reconocía la santidad y unción de un verdadero siervo de Dios. En el contexto de este pasaje "santo" significa separado por Dios. Es por eso por lo que ella era tan amable con él y siempre estaba dispuesta a abrir sus puertas a la Palabra de Dios.

Jesús dijo en **Apocalipsis 3:20-21**, "20 He aquí, yo estoy a la puerta y llamo; si alguno oye mi voz y abre la puerta, entraré a él, y cenaré con él, y él conmigo. 21 Al que venciere, le daré que se siente conmigo en mi trono, así como yo he vencido, y me he sentado con mi Padre en su trono."

Según este pasaje bíblico, Jesús nos hace entender que El siempre tocara nuestras puertas, pero solo los que lo oyen, le abren, y los que lo reciben son los que vencerán y serán sentados a su diestra. Otro punto interesante es la hora que Jesús escogió compartir, "la hora de la cena." Un estudio cuidadoso de lo que implicaba una cena hebrea nos revelara que, si alguien cenaba en casa de otros, era automáticamente entendido que pasarían la noche con esa familia. Una cena hebrea empezaba a las 6:00 p.m. y terminaba a las 9:00 p.m. y nadie podía salir a las calles a esa hora sin tomar el riesgo de ser atacado por las fieras o ladrones.

He aquí algunos ejemplos...

"30 Respondiendo Jesús, dijo: Un hombre descendía de Jerusalén a Jericó, y cayó en manos de ladrones, los cuales le despojaron; e hiriéndole, se fueron, dejándole medio muerto." – **Luc.10:30**

"23 En cuanto el varón de Dios terminó de comer y beber, el viejo profeta que lo había engañado le aparejó el asno. 24 Ya en el camino, un león salió y atacó al varón de Dios y lo mató, y su cuerpo quedó tendido en el camino, y junto a él se echaron el asno y el león." – **1R13:23-24**

2 de Reyes 4:9-10, "Y ella dijo a su marido: He aquí ahora, yo entiendo que éste que siempre pasa por nuestra casa, es varón santo de Dios. Yo te ruego que hagamos un pequeño aposento de paredes, y pongamos allí **cama, mesa, silla y candelero**, para que cuando él viniere a nosotros, se quede en él."

No solo le ofreció de comer, sino que también mandó a construir una habitación para él para que cuando pasara por él pueblo el pudiera durmiera por la noche ahí (por su seguridad).

En La Casa de Cornelio hay un tipo de "Cama": Una cama simboliza descanso en su hogar – **Mat.11:28,** "Venid a mí, todos los que estáis cansados y cargados, y yo os haré descansar." El descanso también es ordenado por Dios. Dios nos ha programado para trabajar no más de seis días a la vez. –

Éxodo 20:9-10, "9 Seis días trabajarás, y harás toda tu obra; 10 Mas el séptimo día será reposo para Jehová tu Dios: no hagas en él obra alguna, tú, ni tu hijo, ni tu hija, ni tu siervo, ni tu criada, ni tu bestia, ni tu extranjero que está dentro de tus puertas."

También hay advertencias para los que rehúsan descansar en Dios, "4 TEMAMOS, pues, que quedando aún la promesa de entrar en su reposo, parezca alguno de vosotros haberse apartado." - **Heb.4:1**

En La Casa de Cornelio hay un tipo de "Mesa": Una mesa simboliza el alimento espiritual para su hogar. En el **Salmo 23:5** encontramos la mesa como protección divina entre nosotros y nuestros enemigos, "Aderezas mesa delante de mí en presencia de mis angustiadores..." Jesús nos recuerda de la necesidad por nuestro alimento espiritual en **Mateo 4:4,** "El respondió (Jesús) y dijo: Escrito está: No sólo de pan vivirá el hombre, sino de toda palabra que sale de la boca de Dios."

La mesa también es símbolo de nuestra cena de victoria con Jesús en la eternidad, "Y el ángel me dijo: Escribe: Bienaventurados los que son llamados a la cena de las bodas del Cordero..."

Apo.19:9. Como podemos notar, la mesa de Jehová no puede faltar en su casa de paz.

En La casa de Cornelio hay un tipo de "Silla": La silla representa el trono de Dios en su hogar. De las 137 veces menciones de la silla solo en el Viejo testamento, 127 veces es traducida como trono. Si bien, esta mujer "importante" y preocupada

por ofrecer de lo mejor al siervo de Dios, entonces podemos asumir que le mando a hacer un trono. El trono / silla de Dios es símbolo de nuestro lugar de oración.

"2 Y al instante yo estaba en el Espíritu; y he aquí, un trono establecido en el cielo, y en el trono, uno sentado. 3 Y el aspecto del que estaba sentado era semejante a piedra de jaspe y de cornalina; y había alrededor del trono un arco iris, semejante en aspecto a la esmeralda." **Apo.4:2-3...** "8 Y los cuatro seres vivientes tenían cada uno seis alas, y alrededor y por dentro estaban llenos de ojos; y no cesaban día y noche de decir: Santo, santo, santo es el Señor Dios Todopoderoso, el que era, el que es, y el que ha de venir. 9 Y siempre que aquellos seres vivientes dan gloria y honra y acción de gracias al que está sentado en el trono, al que vive por los siglos de los siglos, 10 los veinticuatro ancianos se postran delante del que está sentado en el trono, y adoran al que vive por los siglos de los siglos, y echan sus coronas delante del trono, diciendo: 11 Señor, digno eres de recibir la gloria y la honra y el poder; porque tú creaste todas las cosas, y por tu voluntad existen y fueron creadas."**Apo.4:8-11**

La silla representa misericordia y gracia para su casa de paz, "Acerquémonos, pues, confiadamente al trono de la gracia, para alcanzar misericordia y hallar gracia para el oportuno socorro." **Heb.4:16.**

En La Casa de Cornelio hay un tipo de "Candelero / Lámpara": La lámpara no solo representa la presencia de Jesús en su hogar, sino también, una guía para su vida hacia a la presencia de Dios. La luz también es utilizada como símbolo de Dios, la fe y la santidad a lo largo de las Escrituras. Como cristianos, estamos llamados no solo a caminar en la luz, sino a ser la luz para los demás.

Así como la casa de Cornelio, su casa de paz tiene la responsabilidad de ser la luz de su vecindad. Jesús dijo en **Mat.5:14-16**, "14 Vosotros sois la luz del mundo; una ciudad asentada sobre un monte no se puede esconder. 15 Ni se enciende una

luz y se pone debajo de un almud, sino sobre el candelero, y alumbra a todos los que están en casa. 16 Así alumbre vuestra luz delante de los hombres, para que vean vuestras buenas obras, y glorifiquen a vuestro Padre que está en los cielos."

Cuando decides ser luz, Dios promete levantar y hacer resplandecer su casa de paz, "¡Levántate y resplandece, que tu luz ha llegado! ¡La gloria del Señor brilla sobre ti!"

La luz en su casa de paz representa la protección divina en su hogar, "El Señor es mi luz y mi salvación; ¿a quién temeré? El Señor es el baluarte de mi vida; ¿quién podrá amedrentarme?"**Salmos 27:1**

2 de Reyes 4:11-14, "Y aconteció que un día vino él por allí, y se quedó en aquel aposento, y allí durmió. Entonces dijo a Giezi su criado: Llama a esta sunamita. Y cuando la llamó, vino ella delante de él. Dijo él entonces a Giezi: Dile: He aquí tú has estado solícita por nosotros con todo este esmero; ¿qué quieres que haga por ti? ¿Necesitas que hable por ti al rey, o al general del ejército? Y ella respondió: Yo habito en medio de mi pueblo. Y él dijo: ¿Qué, pues, haremos por ella? Y Giezi respondió: He aquí que ella no tiene hijo, y su marido es viejo."

Como Eliseo hacia con esta mujer Sunamita, Dios reconocerá sus esfuerzos y amabilidades a sus siervos y ministerio. En una casa de Cornelio hay respaldo de Dios porque se aplica el concepto de la siembra y cosecha. Dios bendijo a los

Filipenses por ser bondadosos con El Apóstol Pablo, "18 Pero todo lo he recibido, y tengo abundancia; estoy lleno, habiendo recibido de Epafrodito lo que enviasteis; olor fragante, sacrificio acepto, agradable a Dios. 19 Mi Dios, pues, suplirá todo lo que os falta conforme a sus riquezas en gloria en Cristo Jesús." – **Fil.4:18-19.** ¡Declaramos que Dios suplirá todo lo que les falta en su casa de paz! Solo créalo como Eliseo le prometió a la Sunamita.

2 de Reyes 4:15-17, "Dijo entonces: Llámala. Y él la llamó, y ella se paró a la puerta. Y él le dijo: El año que viene, por este tiempo, abrazarás un hijo. Y ella dijo: No, señor mío, varón de Dios, no hagas burla de tu sierva. Mas la mujer concibió, y dio a luz un hijo el año siguiente, en el tiempo que Eliseo le había dicho."

Humanamente hablando, esta mujer no tenía esperanza por tres razones científicas: 1. Era avanzada de edad, 2. Era estéril, y 3. Su marido ya estaba viejo. No era incomún que los maridos judíos o del oriente tengan muchos más años que su esposa. El diablo siempre tratará de convencernos que Dios no es capaz de acordarse de nosotros en nuestro tiempo de necesidad y nada es más lejos de la verdad. Dios siempre ha querido proveer para su creación desde el principio. En el Huerto del Edén, Adán y Eva tenían todo lo que necesitaban a su alrededor. Aun después de pecar contra Dios, Él le ofreció la gracia y misericordia proveyéndoles su cobertura. **Gen.3:21,** "Y Jehová Dios hizo al hombre y a su mujer túnicas de pieles, y los vistió."

No olvidemos el maná que derramó sobre los hijos de Israel diariamente en el desierto entre tantas otras ocasiones. –

"11 Y Jehová habló a Moisés, diciendo: 12 Yo he oído las murmuraciones de los hijos de Israel; háblales, diciendo: Al caer la tarde comeréis carne, y por la mañana os saciaréis de pan, y sabréis que yo soy Jehová vuestro Dios. 13 Y venida

la tarde, subieron codornices que cubrieron el campamento; y por la mañana descendió rocío en derredor del campamento. 14 Y cuando el rocío cesó de descender, he aquí sobre la faz del desierto una cosa menuda, redonda, menuda como una escarcha sobre la tierra."**Éxodo 16:11-14.**

Sí, es cierto que tenemos que sembrar para cosechar las bendiciones de Dios, pero a la misma vez Dios siempre está dispuesto a proveer a los que confían en El.

Mateo 6:33-34, "33 Mas buscad primeramente el reino de Dios y su justicia, y todas estas cosas os serán añadidas. 34 Así que, no os afanéis por el día de mañana, porque el día de mañana traerá su afán. Basta a cada día su propio mal."

Parte de la provisión de Dios para su casa es por la gracia de

Dios; que Él elige proveerte como parte de Su creación. La otra parte es buscándolo activamente y poniendo su fe en Él. Esto es lo que separa una Casa de Cornelio de una casa común y corriente.

Dios quiere que lo busquemos a Él primero. Él quiere que busquemos todas nuestras necesidades y deseos a través de Su provisión, y no por nuestras propias acciones. Su promesa es que cuando lo busques primero, y vivas como El quiere, Él te dará todo lo que necesites.

Una Casa de Cornelio sabe sacrificar para la obra y los siervos de Dios.

Malaquías 3:10-12, "10 Traed todos los diezmos al alfolí y haya alimento en mi casa; y probadme ahora en esto, dice Jehová de los ejércitos, si no os abriré las ventanas de los cielos, y derramaré sobre vosotros bendición hasta que sobreabunde. 11 Reprenderé también por vosotros al devorador, y no os destruirá el fruto de la tierra, ni vuestra vid en el campo será estéril, dice Jehová de los ejércitos. 12 Y todas las naciones os dirán bienaventurados; porque seréis tierra deseable, dice Jehová de los ejércitos."

Sabemos que los diezmos no son muy populares tanto dentro como fuera de las iglesias. O estás a favor o en contra. Espero que estudien esta próxima sección con una mente y corazón abierta. El diezmar no se trata de vaciar, sino llenar sus vidas con las bendiciones de Dios hasta rebozar – **Lucas 6:38,** "Dad, y se os dará; medida buena, apretada, remecida y rebosando darán en vuestro regazo; porque con la misma medida con que medís, os volverán a medir."

Yo no lo escribo porque lo leí, sino porque ya lo he experimentados muchas veces. Mi esposa y yo hemos visto provisiones supernaturales tales como dinero aparecido en nuestras cuentas bancarias después de diezmar aun reconociendo que no teníamos con que pagar nuestras deudas. Hemos vistos deudas canceladas antes de tiempo. Como un auto que teníamos. Cuando la agencia de autos trató de cobrarme la mensualidad, nosotros les mandamos una copia del título que recibimos del auto a nuestro nombre y no tuvieron más remedio que dejar de mandarnos sus cartas de amenazas de quitarnos el auto.

El diezmo ha existido desde el libro de Génesis, e incluso en el Nuevo Testamento, en **Mateo 23:23**, Jesús nos dice que "Debes de diezmar". Dios seguramente puede proveer para Su iglesia sin su dinero, pero estás cortando tu propia bendición al hacer esto.

Si miras a Dios como quien provee todas tus necesidades, entonces lo verías como quien provee tus ingresos también. Dios no pide el 90% y nos quedamos con el 10%; Solo pide el primer 10% y podemos hacer lo que queramos con la cantidad restante, pero se espera que seamos buenos administradores con nuestro dinero. Si le pregunta a alguien que es un diezmador fiel, seguramente le dirá que Dios le ha extendido su 90% a su bendición máxima, el 100%. **Gen.26:12,** "Y sembró Isaac en aquella tierra, y cosechó aquel año ciento por uno. Y el SEÑOR lo bendijo." Mi esposa y yo diríamos lo mismo.

Así como Dios le enviaba pan y codornices a Su pueblo en el desierto, Dios nos ha enviado muchos siervos e incrédulos para bendecir nuestras vidas y ministerio en muchas ocasiones cuando nos encontrábamos en nuestro desierto solo por sembrar y creer en Sus promesas.

Bien, como vemos, el diezmar y ofrendar agrada a Dios y que, al darle fielmente de sus primeros frutos, Él proveerá para sus necesidades. Como leímos y pudimos entender que **Lucas 6:38** es donde Dios está dispuesto a ir más allá de las necesidades simples. Este versículo nos confirma que no podemos darle a Dios más de lo que Él nos da. Dios siempre superara nuestras ofrendas. Es como el desafío de Dios que leímos en Malaquías. Es como si Dios nos estuviera diciendo: "Solo trata de dar más que Yo y verás que nunca ganarás".

Recuerda lo que Dios dijo a cerca de Cornelio y su familia en **Hechos 10:2**? Servimos al Dios de la generosidad; recuerde, Él entregó a Su propio Hijo para morir por nuestros pecados mientras todavía éramos pecadores, ¿verdad? Entonces, tiene sentido que Dios quiera que también seamos generosos. Cuando damos a otros a través de la bondad de nuestro corazón, y sin un motivo de ganancia personal, esto agrada a Dios. Y al igual que cualquier padre amoroso, cuando Dios se siente movido por nuestra auténtica bondad y amor genuino por los demás, no puede evitar bendecirnos.

No traten de dar para recibir. El dar debería ser el regalo que recibes por sí solo. Ver la alegría en aquellos que viven en la escasez, que reciben su regalo, debe conmoverlo más que recibir su dinero de vuelta. Dios les da a algunas personas una abundancia de finanzas y "cosas", no para acumular, sino para compartir con los menos afortunados. Una vez más, Dios no necesita su dinero ni sus cosas; Él puede suplir a los necesitados por cualquier medio que El elija (ejemplo, **1R17:1-6**). Pero este versículo anterior intenta decirnos que hay una bendición para aquellos que bendicen a otros.

Capítulo 9

La Casa de Cornelio sabe con certeza a quien invitaban al aceptar a un siervo/va de Dios.

34 Entonces Pedro, abriendo la boca, dijo: En verdad comprendo que Dios no hace acepción de personas, 35 sino que en toda nación se agrada del que le teme y hace justicia. 36 Dios envió mensaje a los hijos de Israel, anunciando el evangelio de la paz por medio de Jesucristo; éste es Señor de todos. 37 Vosotros sabéis lo que se divulgó por toda Judea, comenzando desde Galilea, después del bautismo que predicó Juan: 38 cómo Dios ungió con el Espíritu Santo y con poder a Jesús de Nazaret, y cómo éste anduvo haciendo bienes y sanando a todos los oprimidos por el diablo, porque Dios estaba con él. 39 Y nosotros somos testigos de todas las cosas que Jesús hizo en la tierra de Judea y en Jerusalén; a quien mataron colgándole en un madero. 40 A éste levantó Dios al tercer día, e hizo que se manifestase; 41 no a todo el pueblo, sino a los testigos que Dios había ordenado de antemano, a nosotros que comimos y bebimos con él después que resucitó de los muertos. 42 Y nos mandó que predicásemos al pueblo, y testificásemos que él es el que Dios ha puesto por Juez de vivos y muertos. 43 De éste dan testimonio todos los profetas, que todos los que en él creyeren, recibirán perdón de pecados por su nombre.

Como podemos notar, el Apóstol Pedro estaba apelando por la creencia total de que Jesús no solo era el hijo enviado por Dios, sino que también era Dios. De todos los apóstoles de Jesús, Pedro era el más adecuado para enseñar a cerca de este tema.

Mateo 16:13-20, "13 Cuando Jesús llegó a la región de Cesarea de Filipo, les preguntó a sus discípulos: ¿Quién dice la gente que es el Hijo del Hombre? 14 Bueno contestaron, algunos dicen Juan el Bautista, otros dicen Elías, y otros dicen Jeremías o algún otro profeta. 15 Entonces les preguntó: Y ustedes, **¿quién dicen que soy?** 16 Simón Pedro contestó: **Tú eres el Mesías, el Hijo del Dios viviente.** 17 Jesús respondió: Bendito eres, Simón hijo de Juan, porque mi Padre que está en el cielo te lo ha revelado. No lo aprendiste de ningún ser humano. 18 Ahora te digo que **tú eres Pedro** (que significa "roca"), y **sobre esta roca edificaré mi iglesia**, y **el poder de la muerte no la conquistará. 19 Y te daré las llaves del reino del cielo. Todo lo que prohíbas en la tierra será prohibido en el cielo, y todo lo que permitas en la tierra será permitido en el cielo**. 20 Luego advirtió severamente a los discípulos que no le contaran a nadie que él era el Mesías."

En este capítulo analizaremos la pregunta, "quien es Jesús." Las descripciones de Jesús dada en sus días ha cambiado un poco comparado con las descripciones Post-Neotestamentaria. Si hiciéramos la encuesta a cerca de la identidad de Jesús, creo que le contestarían que algunos dicen que es amable, paciente, manso, afable, y misericordioso. Pero había otra descripción de Jesús que sus enemigos, los Fariseos no gustaban a cerca de Jesús, "era fiel y verdadero" - **Apo.19:20**. Si tan solo los Fariseos hubieran recibido la verdad, estarían totalmente libre – **Juan 8:32**.

Leamos: **Juan 8:42-47**"42 Jesús les dijo: Si Dios fuera su Padre, ustedes me amarían, porque he venido a ustedes de parte de Dios. No estoy aquí por mi propia cuenta, sino que él me envió. 43 ¿Por qué no pueden entender lo que les digo? ¡Es porque ni siquiera toleran oírme! 44 Pues ustedes son hijos de su padre, el diablo, y les encanta hacer las cosas malvadas que él hace. Él ha sido asesino desde el principio y siempre ha odiado la verdad, porque en él no hay verdad. Cuando miente, actúa de acuerdo con su naturaleza porque es mentiroso y el padre de la mentira. 45 Por eso, es natural que no me crean cuando les digo la verdad. 46 ¿Quién de ustedes puede, con toda sinceridad, acusarme de pecado? Y si les digo la verdad, ¿por qué, entonces, no me creen? 47 Los que pertenecen a Dios escuchan con gusto las palabras de Dios, pero ustedes no las escuchan porque no pertenecen a Dios."

Infortunadamente los fariseos, en vez de recibir la verdad, procuraron matarle desde ese entonces. Pedro, al admitir y recibir la verdad: (1) Jesús fundó su fe sobre la roca, (2) Jesús lo identificó como un buen fundamento de fe para abrir muchas iglesias, (3) Jesús le prometió vida eterna (independiente de su martirio ante el hombre), (4) Jesús le abrió las puertas de los cielos, y (5) Jesús confió su poder sobrenatural sobre el. Si lo hizo por Pedro también lo puede hacer por usted.

¿Quién era Jesús?

Según Dios, Él era su hijo - "**21** Un día en que todos acudían a Juan para que los bautizara, Jesús fue bautizado también. Y mientras oraba, se abrió el cielo **22** y el Espíritu Santo bajó sobre él en forma de paloma. Entonces se oyó una voz del cielo que decía: «**Tú eres mi Hijo amado**; estoy muy complacido contigo»." - **Lucas 3:21-22**

Como hijo de Dios, Él tiene potestad y poder de Dios para perdonar y salvar al mundo, "Mas a todos los que le recibieron, a los que creen en su nombre, les dio potestad de ser hechos hijos de Dios." - **Juan 1:12**

Según la Palabra Jesús era Dios desde el principio – "1 **En el principio era el Verbo**, y el Verbo era con Dios, y el Verbo era Dios. 2 Este era en el principio con Dios. 3 Todas las cosas por él fueron hechas, y sin él nada de lo que ha sido hecho, fue hecho. 4 En él estaba la vida, y la vida era la luz de los hombres... **14 Y aquel Verbo fue hecho carne**, y habitó entre nosotros (y vimos su gloria, gloria como del unigénito del Padre), lleno de gracia y de verdad." – **Juan 1:1-4, 14.**

¿Como se recibe a Cristo?

- Confesándolo con nuestras propias bocas - **1Jn.1:9,** "Si confesamos nuestros pecados, Dios, que es fiel y justo, nos los perdonará y **nos limpiará de toda maldad.**" **Rom.10:9,** "que, si confesares con tu boca que Jesús es el Señor, y creyeres en tu corazón que Dios le levantó de los muertos, serás salvo."
- Creyendo en El - **Jn.3:16,** "Porque tanto amó Dios al mundo que dio a su Hijo unigénito, para que todo el que cree en él **no se pierda, sino que tenga vida eterna.**" – **Hech.16:31,** "Cree en el Señor Jesús; así tú y tu familia serán salvos..."
- Invocando su nombre – **Rom.10:13,** "porque todo aquel que invocare el nombre del Señor, será salvo."
- Por Su gracia por medio de nuestra fe – **Efesios 2:8-9,** "**8**Porque por gracia sois salvos por medio de la fe; y esto no de vosotros, pues es don de Dios; **9** no por obras, para que nadie se gloríe."

¿**Como** podemos ir a la presencia de Dios?

Juan 14:6, "Jesús le dijo: Yo soy el camino, y la verdad, y la vida; nadie viene al Padre, sino por mí."

¿**Qué** vino hacer Jesús?

Vino a darnos vida - **Juan 10:10,** "10 El ladrón no viene más que a robar, matar y destruir; yo he venido para que tengan vida, y la tengan en abundancia."

Vino a darnos vida eterna – **Rom.6:23,** "23 Porque la paga del pecado es muerte, mientras que la dádiva de Dios es vida eterna en Cristo Jesús, nuestro Señor."

¿**Qué** debemos hacer después de ser salvos?

Arrepentirnos y ser bautizados – **Hechos 2:38,** "Arrepiéntase y bautícese cada uno de ustedes en el nombre de Jesucristo para perdón de sus pecados les contestó Pedro, y recibirán el don del Espíritu Santo."

¿**Qué** sucede cuando no aceptamos a Cristo?

Juan 3:3, "3 Respondió Jesús y le dijo: De cierto, de cierto te digo, que el que no naciere de nuevo, no puede ver el reino de Dios."

¿Qué sucede si nos volvemos atrás después de aceptar a Cristo?

Lucas 9:62, "Ninguno que poniendo su mano en el arado mira hacia atrás, es apto para el reino de Dios." – **Heb. 10:26-27,** "26 Porque si pecáremos voluntariamente después de haber recibido el conocimiento de la verdad, ya no queda más sacrificio por los pecados, 27 sino una horrenda expectación de juicio, y de hervor de fuego que ha de devorar a los adversarios."

¿Cuándo viene Jesús?"

Mat.24:36, "Pero del día y la hora nadie sabe, ni aun los ángeles de los cielos, sino sólo mi Padre." Quizás no sabemos cuándo viene, pero si sabemos cómo vendrá – **2P.3:10,** "Pero el día del Señor vendrá como un ladrón. En aquel día los cielos desaparecerán con un estruendo espantoso, los elementos serán destruidos por el fuego, y la tierra, con todo lo que hay en ella, será quemada." – Como Podemos notar, la primera vez - la tierra fue destruida por agua. Esta vez será destruida por fuego.

¿Dónde iremos después de ser salvos?

A vivir con Jesús – **Jn.14:2,** "2 En el hogar de mi Padre hay muchas viviendas; si no fuera así, ya se lo habría dicho a ustedes. Voy a prepararles un lugar."

¿Porque estamos separados de Dios? "23 por cuanto todos pecaron, y están destituidos de la gloria de Dios"

¿Porque no es suficiente ser bueno?

Rom.3:10, "Como está escrito: No hay justo, ni aun uno."

CAPÍTULO 10

¿SABES QUIÉN ERES EN JESÚS?

NOTA 1: El poder del Espíritu Santo descendió sobre la casa de Cornelio porque tenían hambre y sed por la presencia de Dios y sobre todo, por oír la voz de Dios – **Jn.10:27-28**, "Mis ovejas oyen mi voz, y yo las conozco, y me siguen, y yo les doy vida eterna; y no perecerán jamás, ni nadie las arrebatará de mi mano."

Juan 8:43-46, "43. ¿Por qué no entendéis mi lenguaje? Porque no podéis escuchar mi palabra. 44. Vosotros sois de vuestro padre el diablo, y los deseos de vuestro padre queréis hacer. Él ha sido homicida desde el principio, y no ha permanecido en la verdad, porque no hay verdad en él. Cuando habla mentira, de suyo habla; porque es mentiroso, y padre de mentira. 45. Y a mí, porque digo la verdad, no me creéis. 46. ¿Quién de vosotros me redarguye de pecado? Pues si digo la verdad, ¿por qué vosotros no me creéis?

Para verificar de quienes somos hijos...

1. La primera pregunta que nos debemos hacer es, "¿A quién escucho más? La voz de Dios o la voz de satanás/el mundo?" – Como pudimos notar en **Jn.10:27-28**, solos los dispuestos a oír la voz de Jesús son considerados ovejas o hijos de Dios. La Palabra también nos aconseja en **Jn.8:31**, "Si vosotros **permaneciereis**

en mi palabra, seréis verdaderamente mis discípulos." – También **Jn.15:6**, la Palabra no nos permite ser hijo de Dios y satanás/mundo a la misma vez, "El que en mí no permanece, será echado fuera como pámpano, y se secará; y los recogen, y los echan en el fuego, y arden."

Este fuego que arde está definido en varios lugares de la biblia (**Apo.20:15, 19, 21:8, Mat.25:41**, y **Marcos 9:43-48**) entre otros.

NOTA 2: Nuestras vidas no tienen que terminar de ninguna de estas maneras teniendo la promesa de Dios en **Juan 3:16-18**, "16 Porque de tal manera amó Dios al mundo, que ha dado a su Hijo unigénito, para que todo aquel que en él cree, no se pierda, más tenga vida eterna. 17 Porque no envió Dios a su Hijo al mundo para condenar al mundo, sino para que el mundo sea salvo por él. 18 El que en él cree, no es condenado; pero el que no cree, ya ha sido condenado, porque no ha creído en el nombre del unigénito Hijo de Dios."

- TODOS fueron salvos en la casa de Cornelio porque Cornelio y su casa aceptaron y creyeron en Dios – "Cree en el Señor Jesucristo, y serás salvo tú y tu casa" **Hech.16:31**.

2. ¿La segunda pregunta es, "Que deseos arden más en mi corazón? Los deseos de Dios o los deseos del mundo/mi carne? He aquí algunos ejemplos:

- **Lucas 2:41-49**, "**41** Iban sus padres todos los años a Jerusalén en la fiesta de la pascua; **42** y cuando tuvo doce años, subieron a Jerusalén conforme a la costumbre de la fiesta. **43** Al regresar ellos, acabada la fiesta, se quedó el niño Jesús en Jerusalén, sin que lo supiesen José y su madre. **44** Y pensando que estaba entre la compañía, anduvieron camino de un día; y le buscaban entre los parientes y los conocidos; **45** pero como no le hallaron, volvieron a Jerusalén buscándole. **46** Y aconteció que tres días después le hallaron en el templo, sentado en medio de los doctores de la ley, oyéndolos y preguntándoles.

- **47** Y todos los que le oían, se maravillaban de su inteligencia y de sus respuestas. **48** Cuando le vieron, se sorprendieron; y le dijo su madre: Hijo, ¿por qué nos has hecho así? He aquí, tu padre y yo te hemos buscado con angustia. **49** Entonces él les dijo: ¿Por qué me buscabais? ¿No sabíais que en los negocios de mi Padre me es necesario estar?"

- **Salmos 122:1**, "Yo me alegré cuando me dijeron: Vamos a la casa del Señor."

- **Salmos 92:12-14**, "**12** El justo florecerá como la palmera; Crecerá como cedro en el Líbano. **13** Plantados en la casa de Jehová, En los atrios de nuestro Dios florecerán. **14** Aun en la vejez fructificarán; Estarán vigorosos y verdes."

- **Salmos 84:10**, "**10** Porque mejor es un día en tus atrios que mil fuera de ellos. Escogería antes estar a la puerta de la casa de mi Dios, Que habitar en las moradas de maldad."

- **2 Timoteo 4:1-5**, "**1** Te encarezco delante de Dios y del Señor Jesucristo, que juzgará a los vivos y a los muertos en su manifestación y en su reino, **2** que prediques la palabra; que instes a tiempo y fuera de tiempo; redarguye, reprende, exhorta con toda paciencia y doctrina. **3** Porque vendrá tiempo cuando no sufrirán la sana doctrina, sino que teniendo comezón de oír, se amontonarán maestros conforme a sus propias concupiscencias, **4** y apartarán de la verdad el oído y se volverán a las fábulas. **5** Pero tú sé sobrio en todo, soporta las aflicciones, haz obra de evangelista, cumple tu ministerio."

- **Lucas 12:43-48**, "**43** Bienaventurado aquel siervo al cual, cuando su señor venga, le halle haciendo así. **44** En verdad os digo que le pondrá sobre todos sus bienes.**45** Mas si aquel siervo dijere en su corazón: Mi señor tarda en venir; y comenzare a golpear a los criados y a las criadas, y a comer y beber y embriagarse, **46** vendrá el señor de aquel siervo en día que este no espera, y a la hora que no sabe, y le castigará duramente, y le pondrá con los infieles. **47** Aquel siervo que, conociendo la voluntad de su señor, no se preparó, ni hizo conforme a su voluntad, recibirá muchos azotes. **48** Mas el que sin conocerla hizo cosas dignas de azotes, será azotado poco; porque a todo aquel a quien se haya dado mucho, mucho se le demandará; y al que mucho se le haya confiado, más se le pedirá."
- **Mateo 6:33**, "**33** Mas buscad primeramente el reino de Dios y su justicia, y todas estas cosas os serán añadidas."

3. Veamos como Jesús concluye su mensaje:

Juan 8:47, "**47** El que es de Dios, las palabras de Dios oyen; por esto no las oís vosotros, porque no sois de Dios. – Como respondieron?

Jn.8:48, "**48** Respondieron entonces los judíos, y le dijeron: ¿No decimos bien nosotros, que tú eres samaritano, y que tienes demonio?"

- Los Samaritanos eran considerados los más bajos de la vecindad, los más despreciados, y sin valor humano. Aún los Fariseos asumieron que los demonios le hacían caso porque Jesús estaba lleno de ellos.

En otra ocasión Jesús lo explico todo detalladamente, "**14** Estaba Jesús echando fuera un demonio, que era mudo; y aconteció que, salido el demonio, el mudo habló; y la gente se maravilló. **15** Pero algunos de ellos decían: Por Beelzebú, príncipe de los demonios, echa fuera los demonios. **16** Otros, para tentarle, le pedían señal del cielo. **17** Mas él, conociendo los pensamientos de ellos, les dijo: Todo reino dividido contra sí mismo, es asolado; y una casa dividida contra sí misma, cae. **18** Y si también Satanás está dividido contra sí mismo, ¿cómo permanecerá su reino? ya que decís que por Beelzebú echo yo fuera los demonios. **19** Pues si yo echo fuera los demonios por Beelzebú, ¿vuestros hijos por quién los echan? Por tanto, ellos serán vuestros jueces. **20** Mas si por el dedo de Dios echo yo fuera los demonios, ciertamente el reino de Dios ha llegado a vosotros." – **Lucas 11:14-20**

Como Podemos notar, los judíos (aún hoy día) y muchos en la sociedad aún no aceptan a Cristo como el Mesías (libertador) – **Jn.8:58-59**, "**58** Jesús les dijo: De cierto, de cierto os digo: Antes que Abraham fuese, yo soy. **59** Tomaron **entonces piedras para arrojárselas**; pero Jesús se escondió y salió del templo; y atravesando por en medio de ellos, se fue." El difunto Presidente Benjamín Franklin una vez dijo, "No es aconsejable tirarle piedras a tu vecino, aun viviendo en una casa de vidrios." Me imagino que fue inspirado por las palabras de nuestro Senior Jesucristo en **Lucas 6:42** cuando también dijo, "¿O cómo puedes decir a tu hermano: Hermano, déjame sacar la paja que está en tu ojo, no mirando tú la viga que está en el ojo tuyo? Hipócrita, saca primero la viga de tu propio ojo, y entonces verás bien para sacar la paja que está en el ojo de tu hermano."

Pregunta: ¿Cuáles son los peligros de no aceptar a Cristo?

1. Si Jesús no paga por nuestras deudas del pecado, quedaremos endeudados con Dios – **Rom.6:23.**
2. Solo Jesús puede pagar por nuestras deudas – **Jn.14:6, Hech.4:12.**
3. No Podemos desviarnos del plan de salvación de Dios para nosotros – **Heb.10:26-27.**
4. Nuestro buen carácter y obras de caridad no son suficientes para pagar nuestras deudas – **Efe.2:8, Rom.3:23, Heb.9:27.**

5. De todo lo que guardas con seguridad máxima, lo más valioso debe ser nuestra salvación – **Fil.2:12-13.**

6. Muchos se preocupan más por su religión que su relación con Dios – **Mat.7:21-23.**

NOTA 1: Recuerde que la Biblia describe a Cornelio como: piadoso, temeroso de Dios con TODA su casa, hacia muchas limosnas al pueblo, y oraba a Dios siempre.

La manera más directa para conectarnos y mantener una relación solida con Dios es a través de la oración y Su Palabra. La clave para sentir Su presencia en su hogar como lo sucedido en la casa de Cornelio es aumentando nuestras oraciones y tiempo en la Palabra con Dios.

1. Por algo Jesús declaró en **Juan 8:58**, "De cierto, de cierto os digo: Antes que Abraham fuese, **yo soy.**

- El YO SOY (del verbo ser, Dios eterno y sin fin) solo es reservado para Jehová Dios.
- En ese momento, Dios se estaba declarando el Dios eterno en forma de hombre. El que reúsa a Cristo y su Espíritu Santo, reúsa a Dios – **No cometamos este mismo error que cometieron los judíos.**

1. El Apóstol Pedro se los recordó luego en su discurso de **Hechos 2:11-16**, "**11** Y teniendo asidos a Pedro y a Juan el cojo que había sido sanado, todo el pueblo, atónito, concurrió a ellos al pórtico que se llama de Salomón. **12** Viendo esto Pedro, respondió al pueblo: Varones israelitas, ¿por qué os maravilláis de esto?, ¿o por qué ponéis los ojos en nosotros, como si por nuestro poder o piedad hubiésemos hecho andar a este? **13** El Dios de Abraham, de Isaac y de Jacob, el Dios de nuestros padres, ha glorificado a su Hijo Jesús, a quien vosotros entregasteis y negasteis delante de Pilato,

cuando este había resuelto ponerle en libertad. **14** Mas vosotros negasteis al Santo y al Justo, y pedisteis que se os diese un homicida, **15** y matasteis al Autor de la vida, a quien Dios ha resucitado de los muertos, de lo cual nosotros somos testigos. **16** Y por la fe en su nombre, a este, que vosotros veis y conocéis, le ha confirmado su nombre; y la fe que es por él ha dado a este está completa sanidad en presencia de todos vosotros."

2. Hay una advertencia en **1 Juan 2:23-24** para los que rehúsan a Jesús, "**22** ¿Quién es el mentiroso, sino el que niega que Jesús es el Cristo? Este es el anticristo, el que niega al Padre y al Hijo. **23** Todo aquel que niega al Hijo tampoco tiene al Padre; el que confiesa al Hijo tiene también al Padre."

NOTA 2: Nuevamente, Jesús anuncia su deidad. Aquellos que no aceptan a Cristo como Dios encarnado, nunca ha leído las escrituras:

*   Desde el principio Dios hablaba en plural – **Gen.1:26**, "Entonces dijo Dios: Hagamos al hombre a nuestra imagen, conforme a nuestra semejanza; y señoree en los peces del mar, en las aves de los cielos, en las bestias, en toda la tierra, y en todo animal que se arrastra sobre la tierra."

*   Esto es lo que el Apóstol Juan quiso dar a entender - **Jn.1:1, 14**, "**1** En el principio era El Verbo, y el Verbo era con Dios, y el Verbo era Dios...**14** Y aquel Verbo fue hecho carne, y habitó entre nosotros (y vimos su gloria, gloria como del unigénito del Padre), lleno de gracia y de verdad."

*   El Apóstol Pablo también hizo referencias similares a cerca de Jesús – **Colosenses 1:15-20**, "**15** Él es la imagen del Dios invisible, el primogénito de toda creación. 16 Porque en él fueron creadas todas las cosas,

las que hay en los cielos y las que hay en la tierra, visibles e invisibles; sean tronos, sean dominios, sean principados, sean potestades; todo fue creado por medio de él y para él. 17 Y él es antes de todas las cosas, y todas las cosas en él subsisten;18 y él es la cabeza del cuerpo que es la iglesia, él que es el principio, el primogénito de entre los muertos, para que en todo tenga la preeminencia; 19 por cuanto agradó al Padre que en él habitase toda plenitud, 20 y por medio de él reconciliar consigo todas las cosas, así las que están en la tierra como las que están en los cielos, haciendo la paz mediante la sangre de su cruz."

- **Jn.10:30**, "Yo y el Padre uno somos."
- **Jn.14:8-11**, "**8** Felipe le dijo: Señor, muéstranos el Padre, y nos basta. **9** Jesús le dijo: ¿Tanto tiempo hace que estoy con vosotros, y no me has conocido, Felipe? El que me ha visto a mí, ha visto al Padre; ¿cómo, pues, dices tú: Muéstranos el Padre? **10** ¿No crees que yo soy en el Padre, y el Padre en mí? Las palabras que yo os hablo, no las hablo por mi propia cuenta, sino que el Padre que mora en mí, él hace las obras. **11** Creedme que yo soy en el Padre, y el Padre en mí; de otra manera, creedme por las mismas obras."
- **Apocalipsis 1:8**, "Yo soy el Alfa y la Omega, principio y fin, dice el Señor, el que es y que era y que ha de venir, el Todopoderoso."

NOTA 3: Aun los demonios, quienes también son seres sobrenaturales, pudieron ver lo que muchos rehusaron y rehúsan ver a cerca de la deidad de Jesús –

Marcos 5:1-8, "**1** Jesús y sus seguidores llegaron a la otra orilla del lago, a la región de los gerasenos. **2** Apenas salió Jesús de la barca, llegó a recibirlo un hombre que tenía un espíritu maligno. Venía de las tumbas, **3** donde vivía. Ni siquiera con cadenas lo podían sujetar. **4** Varias veces le habían encadenado las manos y le habían puesto hierros en los pies, pero el hombre rompía las cadenas y destrozaba los hierros. Nadie podía controlarlo **5** Vagaba por las colinas y las cuevas de día y de noche, siempre gritando y cortándose con piedras.

6 Cuando el hombre vio a Jesús a lo lejos, fue a él corriendo, se postró ante él **7** y gritando muy fuerte le dijo: —**¿Qué quieres de mí, Jesús, Hijo del Dios Altísimo?** En el nombre de Dios, te suplico que no me atormentes. **8** El hombre gritaba así porque Jesús le había dicho: «¡Espíritu maligno, sal de ese hombre!»"

En Resumen: Somos hijos de Dios a través de nuestra conexión divina con el hijo de Dios – **Juan 1:12**

- Jesús es Dios manifestado en carne. Él es la imagen del Dios invisible.
- Jesús dijo en **Juan 4:24**, "Dios es Espíritu..." Y Jesús es el cuerpo donde mora el Espíritu de Dios."
- **Col.2:9** Porque en él (Jesús) habita corporalmente toda la plenitud de la Deidad.
- Él es la imagen del Dios invisible. **2Co. 4:4.**
- **Hebreos 1:3** (Jesús es) ... la imagen expresa de su persona.
- **Colosenses 1:15** (Jesús) ¿Quién es la imagen del Dios invisible?
- **Juan 14:10** ¿No crees que yo soy en el Padre, y el Padre en mí? las palabras que os hablo, no las hablo por mi propia cuenta, sino que el Padre que mora en mí, él hace las obras.
- Dios es Jesús, y Jesús es Dios. El Padre es el Espíritu Santo que mora en Jesús. ¡Jesús es el cuerpo humano que Dios creó para sí mismo!
- Solo Dios puede perdonar el pecado, y Jesús hizo precisamente eso.

Capítulo 11

Jesús es el único camino

(Juan 14:6). **¡Cornelio y los suyos fueron guiados a la presencia de Dios a través de Pedro!**

Lucas 5:20 Y cuando vio la fe de ellos, le dijo: Hombre, tus pecados te son perdonados. 21 Y los escribas y fariseos comenzaron a discutir, diciendo: ¿Quién es éste que habla blasfemias? ¿Quién puede perdonar los pecados sino sólo Dios?

¡Y Jesús dijo que Él es Dios!

Lucas 4:12 Respondiendo Jesús, le dijo: Dicho esta: No tentarás al Señor tu Dios.

¡Jesús es Dios! Eso significa que Dios mismo vino a la tierra como hombre para morir por nosotros y salvar nuestras almas para poder caminar entre nosotros y vivir entre aquellos que lo aman, ¡para siempre!

NOTA 1: Muchos dicen, "No importa de cual religión eres con tal de que adoren a Dios." – Habrá otro camino fuera de Jesús?

Había un joven rico que pensaba que el ser bueno y conocer todos los mandamientos era más que suficiente para heredar el reino de los cielos.

Mateo 19:16-22, "6 Entonces vino uno y le dijo: Maestro bueno, ¿qué bien haré para tener la vida eterna? **17** Él le dijo: ¿Por qué me llamas bueno? Ninguno hay bueno sino uno: Dios. Mas si quieres entrar en la vida, guarda los mandamientos. **18** Le dijo: ¿Cuáles? Y Jesús dijo: No matarás. No adulterarás. No hurtarás. No dirás falso testimonio. **19** Honra a tu padre y a tu madre; y, Amarás a tu prójimo como a ti mismo. **20** El joven le dijo: Todo esto lo he guardado desde mi juventud. ¿Qué más me falta? **21** Jesús le dijo: Si quieres ser perfecto, anda, vende lo que tienes, y dalo a los pobres, y tendrás tesoro en el cielo; y ven y sígueme.**22 Oyendo el joven esta palabra, se fue triste, porque tenía muchas posesiones."**

- Este joven no entendió la importancia de TOMAR SU CRUZ diariamente y seguir a Cristo – **Lucas 9:23**
- Este joven no entendió la importancia de BUCAR PRIMERO el reino de Dios y su justicia para recibir las bendiciones de salvación – **Mateo 6:33**
- Esto explica porque muchos temen comprometerse con Dios. Por temor de perder las cosas que ellos más aman y adoran más que a Dios.
- Este joven rico no entendió que era solo una prueba de su fe. Tomemos el ejemplo Abraham, también conocido como el padre la fe.
- No vendió sus bienes, sino que lo dejo todo en obediencia y compromiso con Dios – "Por la fe Abraham, siendo llamado, obedeció para salir al lugar que había de recibir como herencia; y salió sin saber a dónde iba." **Hebreos 11:8**
- Por su fe y compromiso con Dios, estuvo dispuesto a sacrificar más que sus posesiones, sino a su propio hijo – "**17** Por la fe Abraham, cuando fue probado, ofreció a Isaac; y el que había recibido las promesas ofrecía su unigénito,**18** habiéndosele dicho: En Isaac te será llamada descendencia; **19** pensando que Dios es poderoso

para levantar aun de entre los muertos, de donde, en sentido figurado, también le volvió a recibir." **Hebreos 11:17-19.**

- Algunos se preguntarán, "¿Valdría la pena estar dispuesto a perderlo todo (incluyendo a nuestra familia) por nuestra fe y fidelidad en Dios?"
- **Gen.13:1-2**, "**1**Subió, pues, Abram de Egipto hacia el Neguev, él y su mujer, con todo lo que tenía, y con él Lot. **2** Y Abram era riquísimo en ganado, en plata y en oro."
- El caso de Abraham no fue un caso aislado, hubo muchas otras ocasiones (incluyendo en mi propia vida personal) en donde el creerle y ser fiel a Dios a valido la pena y Dios ha compensado nuestra fe en El.
- Había una gran razón por la cual Dios dijo que la ofrenda de Abel era más excelente, "Por la fe Abel ofreció a Dios más excelente sacrificio que Caín, por lo cual alcanzó testimonio de que era justo, dando Dios testimonio de sus ofrendas; y muerto, aún habla por ella." **Heb.11:4**
- **Genesis 4:3-5**, "3 Y aconteció andando el tiempo, que Caín trajo del fruto de la tierra una ofrenda a Jehová. **4** Y Abel trajo también de los primogénitos de sus ovejas, **de lo más gordo de ellas**. Y miró Jehová con agrado a Abel y a su ofrenda; **5** pero no miró con agrado a Caín y a la ofrenda suya. Y se ensañó Caín en gran manera, y decayó su semblante."

NOTA 1: La Palabra nos enseña que cosecharemos lo que sembramos, "**7** No os engañéis; Dios no puede ser burlado: pues todo lo que el hombre sembrare, eso también segará. **8** Porque el que siembra para su carne, de la carne segará corrupción; más el que siembra para el Espíritu, del Espíritu segará vida eterna.**9** No nos cansemos, pues, de hacer bien; porque a su tiempo segaremos, si no desmayamos. **10** Así que, según tengamos oportunidad, hagamos bien a todos, y mayormente a los de la familia de la fe." – **Gal. 6:7-10.**

NOTA 2: Hay cielos abiertos y disponibles para los que están dispuestos a darle a Dios de lo mejor.

- **Malaquías 3:10-12,** "10 Traed todos los diezmos al alfolí y haya alimento en mi casa; y probadme ahora en esto, dice Jehová de los ejércitos, si no os abriré las ventanas de los cielos, y derramaré sobre vosotros bendición hasta que sobreabunde. 11 Reprenderé también por vosotros al devorador, y no os destruirá el fruto de la tierra, ni vuestra vid en el campo será estéril, dice Jehová de los ejércitos. 12 Y todas las naciones os dirán bienaventurados; porque seréis tierra deseable, dice Jehová de los ejércitos."

1. Notemos el preámbulo de las bendiciones que cayeron sobre la casa de Cornelio nuevamente, "Había en Cesarea un hombre llamado Cornelio, centurión de la compañía llamada la Italiana, **2 piadoso y temeroso de Dios con toda su casa, y que hacía muchas limosnas al pueblo, y oraba a Dios siempre."** – **Hechos 10:1-2**

2. Jesús fue el camino hacia la presencia divina de Dios conocido como el Espíritu Santo cual fue provocado por su fidelidad y disponibilidad de darle de lo mejor a Dios.

3. La salvación no puede entrar a su hogar sin Jesús, "Y en ningún otro hay salvación; porque no hay otro nombre bajo el cielo, dado a los hombres, en que podamos ser salvos." – **Hech.4:12**

4. Por algo Jesús le dijo a Zaqueo en **Lucas 19:9,** "Hoy ha venido la salvación a esta casa; por cuanto él también es hijo de Abraham."

- Procure que Jesús entre a su casa y recíbalo con gozo.

5. Job dijo en **13:16,** "Y él mismo será mi salvación, Porque no

entrará en su presencia el impío." Por lo tanto, necesitamos un mediador, "**5** Porque hay un solo Dios, y un solo mediador entre Dios y los hombres, Jesucristo hombre, **6** el cual se dio a sí mismo en rescate por todos, de lo cual se dio testimonio a su debido tiempo." - **1 Tim.2:5-6**

6. Así como muchos hogares solo tienen una entrada, de igual manera Jesús es la única Puerta al cielo, "Yo soy la puerta; el que por mí entrare, será salvo; y entrará, y saldrá, y hallará pastos." – **Juan 10:9**

¿Pregunta? ¿Que debes hacer para ser salvo ahora que crees y entiendes quién es Jesús?

1. Tenga cuidado de no tomar la palabra de un hombre como verdad solo porque es un predicador o un "siervo/a de Dios". Hay tantas iglesias y enseñanzas diferentes, pero solo una verdad.

- Si la teología de una iglesia es "amplia" o "ancha" y es entendida y cumplida por muchos, ¿de qué manera están enseñando? ¿El camino ancho o el camino angosto?
- ¿Hacia dónde dijo Jesús que debíamos ir? **Mateo 7:14**, "Porque estrecha es la puerta, y angosto el camino que lleva a la vida, y pocos son los que la hallan."
- La mayoría de las iglesias cristianas se basan en los mismos versículos de las Escrituras:
- Juan 3:16, "Porque de tal manera amo Dios al mundo..."
- Juan 3:3, "Debemos nacer de nuevo."
- Efesios 2:8, "Por gracia somos salvos..."
- Romanos 10:9, "Demos confesar con nuestras boca que Jesús es el Señor, y creer en nuestro corazón que Dios nos levantó de los Muertos, seremos salvo."

¿Estos pasajes son verdad? Sí, ¡pero eso no es todo lo que la Biblia nos enseña! No podemos quitar algunas verdades de la Biblia e ignorar el resto. A muchas personas les gusta justificarse a sí mismas aferrándose al hecho de que Dios nos salvó por Su gracia. Es por gracia que somos salvos, pero Dios espera que le obedezcamos y le amemos con todo nuestro corazón, mente y fuerzas.

Si buscamos excusas, Dios ve el interior de nuestro corazón y no podemos escondernos de Él. Podemos engañar a otras personas e incluso podemos engañarnos a nosotros mismos si realmente queremos, pero ¿realmente queremos hacer eso? ¿Realmente queremos justificarnos a nosotros mismos en lugar de agradar a nuestro Dios y tratar de hacer Su voluntad? ¡El significado de estos versículos es mucho más profundo que eso!

¡Hay un gran riesgo cuando tomamos las escrituras fuera de contexto para tener un pretexto por no buscar de Dios genuinamente en espíritu y en verdad!

Por ejemplo: **Juan 6:54** declara, "El que come mi carne y bebe mi sangre, tiene vida eterna; y yo lo resucitaré en el último día." Básicamente lo que algunas personas enseñan es que la Biblia dice que, si creemos, somos salvos. ¡Eso es cierto! Dice eso. Aquí en Juan dice que, si comemos y bebemos del cuerpo de Jesús, somos salvos. ¿Significa esto que todo lo que tenemos que hacer es comulgar (comer y beber simbólicamente de su cuerpo) para ser salvos? Si quisiéramos tomar este versículo y convertirlo en una doctrina, podríamos hacerlo. ¿Pero sería esto lo correcto?, ¿no? Entonces, ¿por qué permitimos que la gente nos engañe con tipos de doctrina similares? Tenemos que tomar la Biblia como un todo y obedecer a Dios en todo lo que dice, no solo en partes.

Somos salvos por gracia y creer en Jesucristo es salvación, pero como dijo Jesús, ¿por qué lo llamamos Señor y no hacemos las cosas que Él nos dice?

Lucas 6:46 ¿Y por qué me llamáis Señor, Señor, ¿y no hacéis lo que os digo? ¿Por qué no le obedeceríamos si verdaderamente le amamos? La idea central aquí es que muchas personas realmente no dan su vida a Dios y no se arrepienten verdaderamente.

A muchas personas se les enseña que decir una oración de salvación salva su alma, pero no se les dice que deben decir esa oración absolutamente en serio, o que no es decir las palabras lo que te salva, es cambiar tu corazón y tu mente, admitir que eres un pecador, arrepintiéndote de esos pecados, y volviéndote a seguir y obedecer al Señor que te salvó.

El Apóstol Pablo fue muy específico en esta enseñanza cuando dijo en **2Co.5:17**, "De modo que, si alguno está **en Cristo, nueva criatura** es; **las cosas viejas pasaron**; he aquí **todas son hechas nuevas**." – ¿Como es posible que un cristiano haga la confesión de fe, y su vida sigue igual o peor que antes?

La metáfora del estar **en Cristo** es similar a estar dispuesto a cambiar su posición de conductor a pasajero. Es echarse a un lado y permitir que Cristo "maneje" nuestras vidas – La ocupación de un pasajero es sencillamente sentarse y confiar que el conductor lo llevará a su destino final sano y salvo tal como lo prometió sin tratar de interferir, interrumpir o guiar al conductor. ¿Alguna vez has visto a un pasajero de avión tratar de darle dirección a un piloto?

Si no nos convertimos en una nueva criatura y las cosas viejas aún siguen presentes, entonces las escrituras nos están mintiendo, o en realidad nunca fuimos sinceros en nuestra confesión de fe. ¡Algo me dice que la segunda opción es la correcta! Recordemos que el cielo y la tierra pasará, pero su Palabra no pasará (**Mateo 24:35**).

El estar en Cristo significa que todo lo que es verdadero en El debería de cambiar lo que es verdadero en nosotros. Todo lo que Jesús ama, nosotros ahora amamos, y todo lo que Jesús no soporta (como el pecado) ahora nosotros también no lo soportamos. Como siempre he dicho, "No puedes reprender lo que tu toleras en tu vida o en la vida de los que comparten su hogar."

Cuando confesamos a Cristo como nuestro Salvador debería de haber una inmediata transfiguración entre **Apocalipsis 3:20** y **2 Corintios 5:17**.

Apocalipsis 3:20, "He aquí, yo estoy a la puerta y llamo; si alguno oye mi voz y abre la puerta, **entraré a él**, y cenaré con él, y él conmigo.

Jesús "**entra en**" nosotros según este pasaje Bíblico. Pero en un momento dado debemos permitir que El crezca "**en**" nosotros de tal manera que haya una metamorfosis (transformación tal como de una oruga a mariposa). ¡De este modo, Jesús cambia de posición de **"en nosotros"** a **"nosotros en El"**

¡Solo así nos convertiremos en una nueva criatura! La Oruga representa el estado de Cristo en nosotros (**Apo.3:20**) y la Mariposa representa nuestra verdadera transfiguración después de permitir que Cristo tome el control total de nuestra vida (**2Co.5:17**).

Debemos de tener mucho cuidado de no seguir el "cristianismo" diluido que prevalece mucho en el mundo de hoy. No podemos hacer nada para salvarnos a nosotros mismos, Jesús lo hizo todo en la cruz, ¡pero tampoco podemos escuchar a las personas que son tan inflexibles acerca de "no hacer nada" que ni siquiera se arrepienten! Si cambiamos de opinión, estamos haciendo algo. Si nos arrepentimos, estamos haciendo algo. Recuerde que la definición de insensatez es, "Seguir haciendo lo mismo después de aceptar a Cristo, y esperar tener nuevos resultados."

Jesús dijo que la manera de ser salvo (aceptar el reino de Dios) es, "Nacer de nuevo." Sorprendentemente muchos no saben que significa eso.

Jesús le dijo a Nicodemo en **Juan 3:3**, "De cierto, de cierto te digo, que el que no naciere de nuevo, no puede ver el reino de Dios."

El solo creer no significa que "nacimos de nuevo." Recordemos que el diablo y sus demonios también creen y tiemblan, **Santiago 2:19**. Hay un triste final para los dispuestos a creer y no se comprometen a entregar su vida completamente a Jesús (nuestro piloto), "Y el diablo que los engañaba fue lanzado en el lago de fuego y azufre, donde estaban la bestia y el falso profeta; y serán atormentados día y noche por los siglos de los siglos" - **Apo.20:10**.

Infortunadamente hay muchos detenidos en **Apocalipsis 3:20** y rehúsan ser transformados a **2 Corintios 5:17** tal como lo que leímos en **Mateo 7:21-23**, "**21** No todo el que me dice: Señor, Señor, entrará en el reino de los cielos, sino el que hace la voluntad de mi Padre que está en los cielos. **22** Muchos me dirán en aquel día: Señor, Señor, ¿no profetizamos en tu nombre, y en tu nombre echamos fuera demonios, y en tu nombre hicimos muchos milagros? **23** Y entonces les declararé: Nunca os conocí; apartaos de mí, hacedores de maldad."

Aunque es cierto que nadie nos puede arrancar de las manos de Dios – **Juan 10:28-28**, "**27** Mis ovejas oyen mi voz, y yo las conozco, y me siguen, **28** y yo les doy vida eterna; y no perecerán jamás, ni **nadie las arrebatará de mi mano**," También es cierto que nosotros mismos nos Podemos arrancar de las manos de Dios tal como el Hijo Prodigo (**Lucas 15:11-32**), tal como Judas (**Lucas 22:3-6**), y tal como Ananías y Safira (**Hechos 5:1-5, 7-10**) entre muchos otros.

La declaración, "Salvo, siempre salvo" solo es para los verdaderos cristianos que viven la verdad en 2 Corintios 5:17. O sea, se arrepintieron genuinamente, ya no son lo mismo, y producen frutos de arrepentimientos. Los que siguen en sus perversidades aun después de aceptar a Cristo no pueden hacer esta declaración como mucho lo tratan de hacer sin discernir las condiciones de sus almas. Por algo la Palabra nos advierte, "Ocupaos en vuestra salvación con temor y temblor." **Fil.2:12**

Por algo Moisés, cuando intervenía por los hijos de Israel proclamó a Dios después de que los hijos de Israel se habían idolatrado ante un becerro de oro, "**31** Entonces volvió Moisés a Jehová, y dijo: Te ruego, pues este pueblo ha cometido un gran

pecado, porque se hicieron dioses de oro, **32** que perdones ahora su pecado, y si no, **ráeme ahora de tu libro que has escrito."** Éxodo 32:31-32.

Por algo el Salmista David exclamo a Dios mientras huía de sus enemigos, "**27** Pon maldad sobre su maldad, Y no entren en tu justicia. **28 Sean raídos del libro de los vivientes,** Y no sean escritos entre los justos." **Sal.68:28.**

Por algo Jesús les hizo una promesa a los vencedores de la iglesia de Sardis, "El que venciere será vestido de vestiduras blancas; **y no borraré su nombre del libro de la vida**, y confesaré su nombre delante de mi Padre, y delante de sus ángeles." **Apocalipsis 3:5**.

Volvamos a hacer la pregunta anterior, "¿Sera posible aceptar a Cristo y seguir en las mismas condiciones de siempre y aun proclamar, 'Salvo, ¿siempre salvo?'" ¡Creo que las escrituras presentadas nos han dado una buena respuesta, No!

Recordemos que no todos los que le dicen a Jesús Señor, Señor y continúan como sus propios pilotos, entraran al reino de los cielos. El solo confesar a Cristo no es suficiente. El Apóstol Juan dijo en **1:12**, "Mas a todos los que le **recibieron**, a los que **creen en su nombre**, les dio potestad de ser **hechos hijos de Dios**."

Notemos la "receta" de la salvación: **recibir** a Cristo (esto es, dejar de confiar en otros dioses) + **creer en Cristo** (esto es, tener fe absoluta en El) + **ser hijo de Dios** (esto es, ¡establecer una relación de padre a hijo y someterse a Él y su Palabra) = Salvación! Los que tratan de cambiar esta "receta" no tienen derecho a declarar, "Salvo, siempre salvo."

Hechos 8 nos relata una historia de un tal Simón el mago quien creyó y aun fue bautizados como muchos cristianos del siglo 21, pero el Apóstol Pedro le tuvo que decir en vv.18-23, "**18** Cuando vio Simón que por la imposición de las manos de los apóstoles se daba el Espíritu Santo, les ofreció dinero, **19** diciendo: Dadme también a mí este poder, para que cualquiera a quien yo impusiere las manos reciba el Espíritu Santo. **20 ¡Entonces Pedro le dijo: Tu dinero perezca contigo, porque has pensado que el don de Dios se obtiene con dinero** (tus propias fuerzas). **21 No tienes tú parte ni suerte en este asunto, porque tu corazón no es recto delante de Dios. 22 Arrepiéntete**, pues, de esta tu maldad, y ruega a Dios, si quizá te sea perdonado el pensamiento de tu corazón; **23** porque en hiel de amargura y en prisión de maldad veo que estás." – Notemos que este Simón aceptó a Cristo y aun fue bautizado, pero nunca se arrepintió de sus pecados genuinamente.

¿Podría decir Simón, "Salvo siempre salvo bajo estas condiciones?" ¡Por supuesto que No!

Pregunta: ¿Habrá algo malo en pedir por el bautismo del Espíritu Santo? ¡No! ¿Entonces cuál era el problema del Apóstol Pedro con Simón? Simón el mago quería una religión sin relación y compromiso con Dios (La receta de **Jn.1:12**: recibir + creer + establecer una relación genuina con Dios = Salvación).

Si sinceramente creemos, seguiremos a Cristo diariamente. Cueste lo que nos cueste – **Lucas 9:23-24**, "Si alguno quiere venir en pos de mí, **niéguese** a sí mismo, **tome su cruz cada día**, y **sígame 24** Porque todo el que quiera salvar su vida, la perderá; y todo el que pierda su vida por causa de mí, este la salvará."

¿Notaron las "fibras" de un verdadero discípulo? ¿O lo que separa a los cristianos de los discípulos de Jesús?

1. Negarse, (esto es, buscar de Dios primero)
2. Tomar su cruz diariamente (esto es, orar, meditar en la palabra, congregarse, y dar testimonio)
3. Seguir a Cristo (esto es imitarlo o estar dispuesto a ir donde nos mande)

= Un Verdadero Discípulo de Jesús!

Si no sigo las enseñanzas de Cristo, ¿realmente creo, o solo estoy tratando de llegar allí con el menor esfuerzo posible en mi vida? ¿Estoy diciendo que creo solo porque quiero cubrir todas las bases? Eso no funcionará. ¡Debo arrepentirme y dar mi vida a Jesucristo sin ninguna reserva!

CAPÍTULO 12

LA OBEDIENCIA ES MEJOR QUE EL SACRIFICIO

1 Samuel 15:22, "¿Se complace Jehová tanto en los holocaustos y víctimas, como en que se obedezca a las palabras de Jehová? Ciertamente el obedecer es mejor que los sacrificios, y el prestar atención que la grosura de los carneros."

Notemos que la obediencia de Cornelio causo que llegue la presencia de Dios a su hogar. **Hechos 10:3-6,** "**3** Este vio claramente en una visión, como a la hora novena del día, que un ángel de Dios entraba donde él estaba, y le decía: Cornelio. **4** Él, mirándole fijamente, y atemorizado, dijo: ¿Qué es, Señor? Y le dijo: Tus oraciones y tus limosnas han subido para memoria delante de Dios. **5** Envía, pues, ahora hombres a Jope, y haz venir a Simón, el que tiene por sobrenombre Pedro. **6** Este posa en casa de cierto Simón curtidor, que tiene su casa junto al mar; **él te dirá lo que es necesario que hagas.**"

1 Pedro 4:17 "Porque es tiempo de que el juicio comience por la casa de Dios; y si primero comienza por nosotros, ¿cuál será el fin de aquellos que no obedecen al evangelio de Dios?"

¿Valdría la pena seguir en nuestros deleites e ignorar los mandamientos de Dios? – Estamos listos para el fin venidero de aquellos que **no obedecen al evangelio de Dios?**

2 Tesalonicenses 1:8-9 "**8** En llama de fuego, para dar retribución a los que no conocieron a Dios, ni obedecen al evangelio de nuestro Señor Jesucristo; **9** los cuales sufrirán pena de eterna perdición, excluidos de la presencia del Señor y de la gloria de su poder."

¡La primera destrucción de la tierra fue por agua (**Gen.7**), la segunda y última destrucción del mudo será por fuego!

El Apóstol Pedro lo confirma en **2P.3:7**, "**7** pero los cielos y la tierra que existen ahora, están reservados por la misma palabra, guardados para el fuego en el día del juicio y de la perdición de los hombres impíos."

Pablo declaró en el evangelio que Cristo murió por nuestros pecados, y fue sepultado, y resucitó. Ese es el verdadero evangelio de Jesús. Sin el sacrificio de nuestros pecados, muerte, y resurrección de Cristo, nuestro evangelio sería inválido.

1 Corintios 15:1, 4 1 Además, hermanos, os declaro el evangelio... que Cristo murió por nuestros pecados, conforme a las Escritura...4 y que fue sepultado, y que resucitó al tercer día.

Un verdadero discípulo en Cristo imita a su Señor en todo – "**7** sino que se despojó a sí mismo, tomando forma de siervo, hecho semejante a los hombres; **8** y estando en la condición de hombre, se humilló a sí mismo, haciéndose obediente hasta la muerte, y muerte de cruz. **9** Por lo cual Dios también le exaltó hasta lo sumo, y le dio un nombre que es sobre todo nombre." **Fil.2:7-9**.

Recordemos la experiencia del joven rico en **Mateo 10:16-22**. Este joven quería religión y no relación y ni siquiera estaba dispuesto a despojarse de si mismo.

Para obedecer hay que: (1) estar dispuestos a despojarnos de nosotros mismos o dejar el timón, (2) ocupar nuestro lugar como siervo/discípulo sin tartar de manejar desde el asiento del pasajero, (3) mantenernos humillados ante la presencia del maestro, (4) estar dispuestos a obedecer, aunque no entiendan sus ordenes.

La obediencia del Evangelio es la muerte, sepultura y resurrección de Jesús. Nacer de nuevo es someternos a la muerte, sepultura y resurrección de nuestro espíritu.

¿Como hacemos eso?

Muerte:

Hechos 3:19 Así que, arrepentíos (dejar el pecado) y convertíos (ser criatura nueva), para que sean borrados vuestros pecados; para que vengan de la presencia del Señor tiempos de refrigerio (raptados a la presencia de Dios).

Hechos 17:30 Pero Dios, habiendo pasado por alto los tiempos de esta ignorancia (nuestros días en el pecado), ahora manda a todos los hombres en todo lugar, que se arrepientan.

Hechos 26:20 Sino que anuncié primeramente a los que están en Damasco, y Jerusalén, y por toda la tierra de Judea, y a los gentiles, que se arrepintiesen y se convirtiesen a Dios, haciendo obras dignas de arrepentimiento.

¿De qué se tratan las obras y fruto del arrepentimiento?

Definición de Arrepentimiento: La pena interna de haberle fallado a Dios, que produce un cambio de mente, de actuar, un giro de 180o en nuestra vida de pecado a una vida santa, es un cambio radical de comportamiento, es admitir que estamos equivocados, es aceptar la responsabilidad de lo que hemos hecho.

Un verdadero arrepentimiento o debe preparar para recibir la gracia de Dios y Su Salvación. Es como un jardinero que procura preparar la tierra antes de sembrar y así asegurar una buena cosecha. Sin una debida preparación de nuestro corazón no podremos dar frutos de arrepentimientos. Es darle vuelta 180o de lo que éramos antes o sencillamente darle nuestra espalda al pecado para asegurar un cambio seguro en nuestro corazón.

Los frutos que producen un verdadero arrepentimiento deben incluir: sentirse culpable por fallarle a Dios; tener una actitud diferente al pecado. Ya no llamamos lo bueno malo ni lo malo bueno; confesar genuinamente nuestros pecado; dispuestos a ser transformados a una criatura nueva; y desear ser oyente y viviente de la palabra de Dios.

Si aplicamos estas prácticas de un buen jardinero, tendremos la Esperanza de producir frutos dignos de arrepentimientos.

Por algo Jesús, cuando inició su evangelio, proclamó en **Mateo 4:17**, "Arrepentíos, porque el reino de los cielos se ha acercado."

Luego Jesús dijo en **Mateo 7:19-20**, "**19** ;Todo árbol que no da buen fruto, es cortado y echado en el fuego. **20** Así que, por sus frutos los conoceréis."

Morimos a nosotros mismos arrepintiéndonos y entregando nuestra vida a Jesucristo total y completamente - Obediencia. No pases por alto esto. Esto, es la salvación. Si no te has arrepentido verdaderamente, puedes bautizarte todo lo que quieras, pero Dios no te llenará con Su Espíritu y salvará tu alma si tu corazón no está bien y no te arrepientes verdaderamente de tus pecados. ¡Debes dar todo de ti total y completamente! – Obediencia.

Sepultura:

La Sepultura es el acto de sumersión en agua; bautismo en el nombre de Jesucristo para remisión de nuestros pecados. La palabra griega original para bautizar: baptizo (bap-tid'-zo) significa sumergir; hacer abrumado (es decir, completamente mojado).

Jesús dijo, **Marcos 16:16**El que creyere y fuere bautizado, será salvo; más el que no creyere, será condenado.

Todos los apóstoles enseñaron y ordenaron que tanto judíos como gentiles fueran bautizados con agua.

Hechos 2:38 Entonces Pedro les dijo: Arrepentíos, y bautícese cada uno de vosotros en el nombre de Jesucristo para perdón de los pecados, y recibiréis el don del Espíritu Santo.

¡Somos sepultados con Jesús por el bautismo en la muerte, para caminar en una nueva vida con Él!

Rom 6:3 - "**3** ¿O no sabéis que todos los que hemos sido bautizados en Cristo Jesús, hemos sido **bautizados en su muerte?** **4** Porque somos **sepultados juntamente con él** para muerte por el bautismo, a fin de que como Cristo resucitó de los muertos por la gloria del Padre, así también nosotros andemos en vida nueva. **5** Porque si fuimos plantados juntamente con él en la semejanza de su muerte, así también lo seremos en la de su resurrección."

¿Significa esto que el bautismo te salva? No, el bautismo solo no lo hace, pero es parte de ser **obediente** a Dios y **obedecer** el evangelio. Como Simón el mago en **Hechos 8:21**; Fue bautizado pero su corazón no estaba arrepentido. Es el corazón lo que importa y la **obediencia** en el bautismo es solo una parte de ello.

Lo que quiero decir con esto es, como el ladrón que fue colgado en una cruz junto a Jesús, **Lucas 23:43** Y Jesús le dijo: De cierto te digo, que hoy estarás conmigo en el paraíso. Este hombre no se bautizó, pero Jesús claramente dijo que estaría con Él en el paraíso porque demostró un corazón arrepentido aún desde la cruz.

Si no tienes la capacidad de bautizarte y mueres antes de tener la oportunidad, ¿estás condenado al infierno? ¡De ninguna manera! Pero ¿debe ser bautizado? ¡Sí! ¡Absolutamente! Debemos ser bautizados en Jesucristo como dice en **Romanos 6**. La verdadera fe y el arrepentimiento siempre harán que una persona sea obediente al plan de salvación de Dios: **v4b**, "como Cristo resucitó de los muertos por la gloria del Padre, así también nosotros andemos en vida nueva."

Su vida antes de Cristo no puede ni debe ser igual a su vida después de la muerte y resurrección en Cristo.

Resurrección:

Somos resucitados al recibir el don del Espíritu Santo. Algunas iglesias enseñan que el bautismo es el "bautismo del Espíritu Santo", y no el bautismo en agua. Pero notará que Pablo volvió a bautizarse en el nombre de Jesucristo (**Hechos 19:5**), y que Pedro ordenó a los gentiles que fueran bautizados con agua después de haber sido llenos del Espíritu Santo (**Hechos 10:47**). El bautismo del que hablan Jesús y sus apóstoles es el bautismo en agua. Es una parte de ser **obediente** al Evangelio, la gran comisión, y recibir el Espíritu Santo como promesa de Dios y no algo que podamos ganar o hacer por nosotros mismos.

- Notemos que nuestro Señor también fue obediente al bautismo en agua. También es interesante notar que aunque el Dios Padre ya lo había engendrado por el poder del espíritu Santo desde el vientre de su madre María, también nos muestra que el resultado de nuestra obediencia al bautismo en agua es la promesa del bautismo del Espíritu Santo - "**21** Aconteció que cuando todo el pueblo se bautizaba, también Jesús fue bautizado; y orando, el cielo se abrió, **22** y descendió el Espíritu Santo sobre él en forma corporal, como paloma, y vino una voz del cielo que decía: Tú eres mi Hijo amado; en ti tengo complacencia." **Lucas 3:21-22.**

Entonces, la pregunta permanece: ¿Qué espera Dios? ¿Qué significa realmente nacer de nuevo? ¿Qué debe hacer una persona para ser salva?

La fe en Jesucristo y el arrepentimiento es el plan de salvación. Sin embargo, la verdadera fe y el arrepentimiento siempre harán que una persona sea obediente al plan de salvación de Dios. Este siempre ha sido el caso a través de la historia (ver **Hebreos 11**). La fe siempre produce obediencia.

Somos obedientes a nuestra fe siguiendo el plan de salvación que nos enseñó Jesús y los Apóstoles. El vivir fuera de este plan es demostrar la falta de fe y una vida en desobediencia a la Palabra de Dios. Vuela a Hebreos 11 y analice cada uno de los pasos de fe y veras algo común – TODOS FUERON OBEDIENTES POR CAUSA DE SU FE EN DIOS.

La manera más eficaz de complacer a nuestro Dios es a través de nuestras obediencias motivadas por nuestra fe y SIN FE ES IMPOSIBLE AGRADAR A DIOS – **Hebreos 11:6**, "**6** Pero sin fe es imposible **agradar** a Dios; porque es necesario que el que se acerca a Dios crea que le hay, y que es **galardonador** de los que le buscan."

Sabemos que estamos en victoria cuando las palabras **agradar** y **galardón** se encuentras en la misma oración como resultado de nuestra fe en Dios. La palabra **galardón** está definida como "Premio que se concede por méritos", es recompensa, compensación. En el idioma griego es la palabra "Misdsós", que significa "paga por servicios bueno o malo", "recompensa", "renumerar", "Jornal", "salario". A veces cuando no vemos nuestras bendiciones es porque Dios nos está llamando a AUMENTAR NUESTRA FE.

Es importante entender que Jesús es el cuerpo de Dios manifestado en carne y que Él vino a la tierra como hombre, nacido de mujer como nosotros, para morir en nuestro lugar. El pecado comenzó con Eva cuando ella le creyó a Satanás y comió del árbol que Dios le ordenó a no comer. Adán tomó del fruto y escuchó la voz de su esposa en lugar de la voz de Dios y también comió (**Génesis 3:17** y **1 Timoteo 2:14**).

La paga del pecado es la muerte (**Rom.6:23**), y Jesús pagó el precio por nosotros, murió, fue sepultado, y resucitó al tercer día tal como lo profetizó. Eso es el evangelio. Jesús volverá para reunir a los que creen en esto y se apartaron del pecado (arrepentimiento) para seguir al Señor en obediencia. Ese es el camino a la salvación.

Dios tuvo que cambiar la imagen torcida del Apóstol Pedro a cerca de los gentiles antes de mandarlo a predicar el evangelio en la casa de Cornelio. Muchas veces nosotros no necesitamos de un Pedro para decirnos que somos gentiles, común, e inmundos. El enemigo nos convence a través del desanimo y falta de conocimiento de lo que Dios ha hecho en nosotros a través de muerte y resurrección de Jesús.

En el **Salmos 22:1-6** (uno de los Salmos Mesiánicos), "**1**Dios mío, Dios mío, ¿por qué me has desamparado? ¿Por qué estás tan lejos de mi salvación, y de las palabras de mi clamor? **2** Dios mío, clamo de día, y no respondes;

Y de noche, y no hay para mí reposo. **3** Pero tú eres santo, Tú que habitas entre las alabanzas de Israel. **4** En ti esperaron nuestros padres; Esperaron, y tú los libraste. **5** Clamaron a ti, y fueron librados; Confiaron en ti, y no fueron avergonzados. **6 Mas yo soy gusano, y no hombre; Oprobio de los hombres, y despreciado del pueblo.**"

En un momento David se sintió como un gentil, común, e inmundo independientemente que pertenecía a la raza hebrea y tenía un corazón conforme al corazón de Dios (**Hechos 13:22**). A causa de esta arma poderosa del diablo – el desánimo, este valiente y guerrero de Dios solo se miraba como "un gusano, y no hombre; oprobio de los hombres, y despreciado del pueblo." Gracias a Dios que David se acordó de los mismos pasos que provocaron la presencia del Espíritu de Dios en la casa de Cornelio:

1. David se acordó de donde lo sacó Dios. Y si Dios lo hizo antes, lo puede hacer de nuevo. **V.9** "Pero tú eres el que me sacó del vientre; El que me hizo estar confiado desde que estaba a los pechos de mi madre. Recuerde que él es **galardonador** de los que le buscan (**Heb.11:6**). Dios no es hombre, para que mienta, Ni hijo de hombre para que se arrepienta. **Él dijo, ¿y no hará?**" (**Num.23:19**).

2. David clamó a Jehovah por fe de que le iba a rescatar. **Vv.20-21**, "Libra de la espada mi alma, del poder del perro mi vida. **21** Sálvame de la boca del león, Y líbrame de los cuernos de los búfalos." Así como el hombre te ofrece el 911 cuando te encuentras en peligro o emergencia; Dios te ofrece el 333 cuando te encuentras en peligro o emergencia. Este número no se

encuentra entre las páginas amarillas del hombre, sino entre las páginas blancas de

Dios llamado **Jeremías 33:3**, "**3** Clama a mí, y yo te responderé, y te enseñaré cosas grandes y ocultas que tú no conoces."

(3) David alabó a Dios y testifico de Dios desde antes de su liberación. **V.22**,

"Anunciaré tu nombre a mis hermanos; En medio de la congregación te alabaré." Recuerde que una verdadera fe genuina según **He.11:1**, es vivir y mantener la certeza de lo que estas esperando en Dios y la convicción de lo que aún no vez, pero estas seguro de que ya lo tienes en tus manos." En pocas palabras cuando tienes una fe genuina en Dios, experimentarás tus bendiciones del futuro aun viviendo en el presente.

1. David no dejó de congregarse ni traerle sus sacrificios a Dios a causa de sus aflicciones, angustias, y dolor. **V.25**,

"De ti será mi alabanza en la gran congregación; Mis votos pagaré delante de los que le temen." Es fácil decir, "Dios proveerá" cuando no nos falta nada. O "los que aman a Dios, todas las cosas les ayudan a bien." Pero por una razón u otra muchos se apartan de su iglesia o dejan de adorar a Dios (aun estando en la congregación) cuando las cosas no van como ellos quieren.

2. David empezó a declarar las cosas que no son como si fuesen. **Vv.27-31**, "**27** Se acordarán, y se volverán a Jehová todos los confines de la tierra, Y todas las familias de las naciones adorarán delante de ti. **28** Porque de Jehová es el reino, Y él regirá las naciones. **29** Comerán y adorarán todos los poderosos de la tierra; Se postrarán delante de él todos los que descienden al polvo, Aun el que no puede conservar la vida a su propia alma. **30** La posteridad le servirá; Esto será contado de Jehová hasta la postrera generación. **31** Vendrán, y anunciarán su justicia; A pueblo no nacido aún, anunciarán que él hizo esto."

Hagamos un resumen de la fe de David aun en medio de sus angustias, dolores, y problemas, cual lo motivo a declarar un Salmo después, "Jehová es mi pastor y nada me faltara" (**Sal.23:1**) después de provocar una respuesta poderosa de parte de Dios.

Cuando estás en pruebas:

(1) No te olvides de donde Dios te sacó y lo que hizo anteriormente. Si lo hizo anteriormente, ¿qué te hace creer que no lo pueda volver a hacer? Quizás usted se dirá, "Dios no ha hecho nada por mí. ¿Como puedo yo depender o creer en un Dios que no ha hecho nada por mí?" Entonces recuerde que no hiciste nada para merecer estar vivo y no fuiste contado entre los 6.34 millones de gentes que no sobrevivieron la pandemia.

Jesús dijo en **Juan 10:10**, "**10** El ladrón no viene sino para hurtar y matar y destruir; yo he venido para que tengan vida, y para que la tengan en abundancia. **11** Yo soy el buen pastor; el buen pastor su vida da por las ovejas." ¿Se dio cuenta de lo que Jesús dijo en el verso 11? ¡Si Dios no ha hecho nada más por ti, tenga por seguro que por lo menos el dio su vida para que la tengas en abundancia! No hay mayor vida y vida en abundancia que una vida dentro del reino de Dios. Por qué no te entregas al 100%?

(2) Clama a Jehová como su niño o niña clama por usted cuando se siente adolorido/da o en necesidad de su atención como su padre/madre. Esto se llama relación (y no religión) de padre a hijo.

(3) Empieza a alabar a Dios por responderte y darle gracias desde antes que lo veas. El Apóstol Pablo y Silas lo hicieron así y provocaron la presencia de Dios aún estando en dolor desde la cárcel.

Hechos 16:22-31, "**22** Entonces la multitud se amotinó contra Pablo y Silas, y los magistrados mandaron que les arrancaran la ropa y los azotaran. **23** Después de darles muchos golpes, los echaron en la cárcel, y ordenaron al carcelero que los custodiara con la mayor seguridad. **24** Al recibir tal orden, este los metió en el calabozo interior y les sujetó los pies en el cepo. **25** A eso de la medianoche, Pablo y Silas se pusieron a orar y a cantar himnos a Dios, y los otros presos los escuchaban. **26** De repente se produjo un terremoto tan fuerte que la cárcel se estremeció hasta sus cimientos. Al instante se abrieron todas las puertas y a los presos se les soltaron las cadenas. **27** El carcelero despertó y, al ver las puertas de la cárcel de par en par, sacó la espada y estuvo a punto de matarse, porque pensaba que los presos se habían escapado. Pero Pablo le gritó: **28** —¡No te hagas ningún daño! ¡Todos estamos aquí! **29** El carcelero pidió luz, entró precipitadamente y se echó temblando a los pies de Pablo y de Silas. **30** Luego los sacó y les preguntó: —Señores, ¿qué tengo que hacer para ser salvo? **31** —Cree en el Señor Jesús; así tú y tu familia serán salvos."

¿Notaron que la fe genuina de Pablo y Silas aumentó la fe de los otros reclusos? Esto indica que tu fe puede contaminar a otros. Tal como en casa de Cornelio, la fe de Cornelio contagió no solo a su familia, sino también a todos los convidados a su célula/casa de paz.

(4) Cuando estas en pruebas, no te apartes de la presencia de

Dios. Al contrario, es cuando más debes correr hacia la presencia de Dios como el ejemplo de David en el **Salmos 22**. No escuches la voz de culpabilidad, vergüenza, y desprecio de parte del diablo. No hay nada que te pueda separar del amor de Dios – El Apóstol Pablo en **Romanos 8:35-39**, "**35** ¿Quién nos separará del amor de Cristo? ¿Tribulación, o angustia, o persecución, o hambre, o desnudez, o peligro, o espada? **36** Como está escrito: Por causa de ti somos muertos todo el tiempo; Somos contados como ovejas de matadero. **37** Antes, en todas estas cosas somos más que vencedores por medio de aquel que nos amó. **38** Por lo cual estoy seguro de que ni la muerte, ni la vida, ni ángeles, ni principados, ni potestades, ni lo presente, ni lo por venir, **39** ni lo alto, ni lo profundo, ni ninguna otra cosa creada nos podrá separar del amor de Dios, que es en Cristo Jesús Señor nuestro." ¡No dejes de congregarte como muchos hacen por costumbre! (**Heb.10:24-25**).

(5) Empieza a declarar las cosas que no son como si fuesen. Por ejemplo, de gracias y proclama que lo que le has pedido ya está hecho. Cuando Dios llamó a Abraham (el distinguido padre de la fe), Dios le declaró lo que el Apóstol Pablo les enseñó a la iglesia de Roma en **Rom.4:16-17**, "**16** Por tanto, es por fe, para que sea por gracia, a fin de que la promesa sea firme para toda su descendencia; no solamente para la que es de la ley, sino también para la que es de la fe de Abraham, el cual es padre de todos nosotros **17** (como está escrito: Te he puesto por padre de muchas gentes) delante de Dios, a quien creyó, el cual da vida a los muertos, y llama las cosas que no son, como si fuesen." ¿Se dio cuenta de lo que es capaz de hacer su fe genuina? – Puedes traer el futuro hacia el presente. Algunos dirán, "Pero lo hice, y aun no veo nada." Permítame recordarles unos de los muchos ejemplos de lo que hace una fe consistente:

Lucas 18:1-5, "**18** Y les refería Jesús una parábola para enseñarles que ellos debían orar en todo tiempo, y no desfallecer, **2** diciendo: Había en cierta ciudad un juez que ni temía a Dios ni respetaba a hombre alguno. **3** Y había en aquella ciudad una viuda, la cual venía a él constantemente, diciendo: «Hazme justicia de mi adversario». **4 Por algún tiempo él no quiso, pero después dijo para sí:**

«Aunque ni temo a Dios, ni respeto a hombre alguno, 5 sin embargo, porque esta viuda me molesta, le haré justicia; no sea que por venir continuamente me agote la paciencia»".

1 Reyes 18:41-46, "**41** Y Elías dijo a Acab: Sube, come y bebe; porque se oye el estruendo de mucha lluvia. **42** Acab subió a comer y a beber, pero Elías subió a la cumbre del Carmelo; y allí se agachó en tierra y puso su rostro entre las rodillas **43** Y dijo a su criado: Sube ahora, y ;mira hacia el mar. Y él subió, miró y dijo: No hay nada. Y Elías dijo siete veces: Vuelve a mirar. **44** Y sucedió que a la séptima vez, él dijo: He aquí, una nube tan pequeña como la mano de un hombre sube del mar. Y dijo: Sube, y di a Acab: "Prepara tu carro y desciende, para que la fuerte lluvia no te detenga. **45** Y sucedió que, al poco tiempo, el cielo se oscureció con nubes y viento, y hubo gran lluvia. Y Acab montó en su carro y fue a Jezreel. **46** Y la mano del SEÑOR estaba sobre Elías, el cual ciñó sus lomos y corrió delante de Acab hasta Jezreel."

Si no has notado más nada, la viuda declaró que iba a recibir su justicia mientras Elías declaró la lluvia después de una sequía de tres años desde antes que descendiera la lluvia. Dios también puede hacerte justicia y abrir las puertas de los cielos siempre y cuando tengas una fe genuina en Dios.

A veces tenemos que sacrificarle a Dios lo que más amamos o nos cuesta soltar bajo la esperanza de que si Dios lo dijo, el así lo hará. ¿No vistes los resultados después de tu primer o segundo clamor a Dios? Sigue volviendo a tu rey o sigue subiendo a tu montaña – "Porque no nos ha dado Dios espíritu de cobardía, sino de poder, de amor y de dominio propio." (**2 Tim.1:7**). Apliquemos estos principios y veremos nuestra casa convertida en una casa de Cornelio.

CAPÍTULO 13

¿ES CIERTO QUE EL AMOR DE DIOS CUBRE MULTITUDES DE PECADOS?

El Señor Jesucristo es amoroso y misericordioso. Es Su amor y misericordia que nos ha dado este gran plan de salvación. Sin embargo, las Escrituras enseñan claramente que aquellos que rechacen Su plan se perderán (**2 Tesalonicenses 1:8, 2 Corintios 4:3**).

Necesitamos tener cuidado, no sea que emprendamos el camino de pensar que la misericordia de Dios justificará a las personas que no obedecen el plan de Dios. Hay muchos que afirmarían que Dios nunca sería tan despiadado como para condenar a aquellos que no creen en el cristianismo. En estos momentos se predica y enseña mucho a cerca de "salvación universal", es decir, todos serán salvos por la misericordia de Dios.

Que quiso decir el Apóstol Pedro con el tema de este capítulo leído en su primer libro **4:7**?, "7 Mas el fin de todas las cosas se acerca; sed, pues, sobrios, y velad en oración. **8** Y ante todo, tened entre vosotros ferviente amor; porque el amor cubrirá multitud de pecados".

Primero hay que entender el contexto. La palabra que se usó aquí para el amor es el tipo de amor "ágape". Cuando amamos a nuestros hermanos en la fe con "amor ágape", estaremos dispuestos a negarnos a nosotros mismos en interés de los demás. Sacrificaremos nuestro tiempo y nuestros propios deseos personales por el bien de los demás.

¿Cuál es el significado de la frase "el amor cubre multitud de pecados"? ¿Significa que los líderes de la iglesia deben encubrir el pecado e ignorar la disciplina de la iglesia o del pastor? ¿Deberíamos barrer el pecado debajo de la alfombra y fingir que nunca sucedió? ¡No! Significa que, si realmente nos amamos unos a otros, podremos pasar por alto las fallas menores, los fracasos, y las deficiencias de otros creyentes. ¿Puedes hacer eso? ¿O magnificas las faltas y fallas de otros para minimizar tus propias faltas y fallas? Nadie es perfecto, ¡incluyéndolo a usted! Entonces, deja que el amor cubra una multitud de "pecados/imperfecciones en otros".

Un amor ágape primero ve la viga en su proprio ojo antes de señalar la paja en los ojos de otros – **Mateo 7:1-5**, "No juzguéis, para que no seáis juzgados. **2** Porque con el juicio con que juzgáis, seréis juzgados, y con la medida con que medís, os será medido. **3** ¿Y por qué miras la paja que está en el ojo de tu hermano, y no echas de ver la viga que está en tu propio ojo? **4** ¿O cómo dirás a tu hermano: ¿Déjame sacar la paja de tu ojo, y he aquí la viga en el ojo tuyo? **5** ¡Hipócrita! saca primero la viga de tu propio ojo, y entonces verás bien para sacar la paja del ojo de tu hermano."

Un amor ágape perdona y sigue amando para no caer en tentación del odiar y maltratar a otros por falta del amor de Dios en nosotros. La Biblia nos relata de un siervo que pidió por misericordia (amor ágape) a su amo y sin embargo, su falta de amor por su prójimo no le permitió cubrir (perdonar) el pecado (la deuda) de su compañero.

Leamos **Mateo 18:23-35**, "**23** Por lo tanto, el reino del cielo se puede comparar a un rey que decidió poner al día las cuentas con los siervos que le habían pedido prestado dinero. **24** En el proceso, le trajeron a uno de sus deudores que le debía millones de monedas de plata. **25** No podía pagar, así que su amo ordenó que lo vendieran —junto con su esposa, sus hijos y todo lo que poseía—para pagar la deuda. **26** »El hombre cayó de rodillas ante su amo y le suplicó: "Por favor, tenme paciencia y te lo pagaré todo". **27** Entonces el amo sintió mucha lástima por él, y lo liberó y le perdonó la deuda. **28** »Pero cuando el hombre salió de la presencia del rey, fue a buscar a un compañero, también siervo, que le debía unos pocos miles de monedas de plata.[d] Lo tomó del cuello y le exigió que le pagara de inmediato. **29** »El compañero cayó de rodillas ante él y le rogó que le diera un poco más de tiempo. "Ten paciencia conmigo, y yo te pagaré", le suplicó. **30** Pero el acreedor no estaba dispuesto a esperar. Hizo arrestar al hombre y lo puso en prisión hasta que pagara toda la deuda. **31** »Cuando algunos de los otros siervos vieron eso, se disgustaron mucho. Fueron ante el rey y le contaron todo lo que había sucedido. ;**32** ;Entonces el rey llamó al hombre al que había perdonado y le dijo: "¡Siervo malvado! Te perdoné esa tremenda deuda porque me lo rogaste. **33** ¿No deberías haber tenido compasión de tu compañero así como yo tuve compasión de ti?".**34** Entonces el rey, enojado, envió al hombre a la prisión para que lo torturaran hasta que pagara toda la deuda. **35** »**Eso es lo que les hará mi Padre celestial a ustedes si se niegan a perdonar de corazón a sus hermanos.**"

Aunque es cierto que Dios es amor y grande en misericordia, también debemos saber que Él es fuego consumidor (**Deuteronomio 4:24**). Lo más que quisiera decir que el amor y misericordia de Dios no es capaz de destruir a los que rehusaron a su hijo, sabemos que sería una mentira. Pero infortunadamente esto es lo que se predica y se cree en muchas religiones incluyendo el cristianismo.

Si este fuera el caso, no estuviéramos leyendo a cerca del diluvio en **Genesis 7** ni tampoco existiera la destrucción de Sodoma y Gamora en **Genesis 19**. Ninguno de estos capítulos existiría en la Biblia ni mucho menos el libro de Apocalipsis.

Dios es un maravilloso, creador, y amoroso, pero también es un Dios de ira contra los que lo niegan.

Como podemos notar, la primera pregunta del diablo a Eva fue:

"¿Ha dicho Dios?" Satanás no ha cambiado mucho sus tácticas en más de 6000 años. Es por eso que es tan esencial que nos mantengamos continuamente en la fe, en oración, y profundizados en la Palabra de Dios. Nuestra arma ofensiva contra él, "ha dicho Dios?" del diablo siempre será, "Escrito está". Pero no podemos declarar, "Escrito está" si no lo sabemos, leemos, o vivimos. Si somos justificados por la fe, entonces decidamos vivir por la fe (**Hebreos 10:38**).

¡Debemos buscar continuamente el rostro de Dios! El diablo siempre tratará de alejarnos de la verdad. Es una ocurrencia común. El pecado del jardín se está repitiendo una y otra vez independientemente de que ya la Palabra nos ha advertido que Cristo vendrá como un ladrón en la noche – **2 Pedro 3:9-10**, "**9** El Señor no retarda su promesa, según algunos la tienen por tardanza, sino que es paciente para con nosotros, no queriendo que ninguno perezca, sino que todos procedan al arrepentimiento. **10** Pero el día del Señor vendrá como ladrón en la noche; en el cual los cielos pasarán con grande estruendo, y los elementos ardiendo serán deshechos, y la tierra y las obras que en ella hay serán quemadas."

¿Qué hemos aprendido hasta ahora?

Hemos aprendido que Dios amó tanto al mundo que nos salvó por Su gracia, que debemos nacer de nuevo, y que debemos creer verdaderamente, y que, si lo hacemos, obedeceremos el evangelio y tendremos amor por Su verdad. Y solo así los salvos siempre serán salvos.

Cuando se les preguntó a Pedro y a los apóstoles: "¿Qué haremos?" (para ser salvo), Pedro les respondió diciendo: **Hechos 2:38-39**Arrepentíos, y bautícese cada uno de vosotros en el nombre de Jesucristo para perdón de los pecados, y recibiréis el don de el Espíritu Santo. **39** Porque para vosotros es la promesa, y para vuestros hijos, y para todos los que están lejos, para cuantos el Señor nuestro Dios llamare.

Algo que el Apóstol Pedro no entendió hasta que vio la gloria de Dios descender en la casa de Cornelio es que ¡La promesa es para todos y cada uno de los que creen y obedecen el evangelio del Señor

Jesucristo! ¡Gracias Jesús! ¡Sin Su sacrificio estaríamos perdidos! No se deje engañar por los falsos profetas y sus enseñanzas.

Repasemos **2 Timoteo 4:3-5**, "**3** Porque vendrá tiempo cuando no sufrirán la sana doctrina, sino que, teniendo comezón de oír, se amontonarán maestros conforme a sus propias concupiscencias, **4** y apartarán de la verdad el oído y se volverán a las fábulas. **5** Pero tú sé sobrio en todo, soporta las aflicciones, haz obra de evangelista, cumple tu ministerio."

Meditemos en **2 Corintios 4:3-6**, "**3** Pero si nuestro evangelio está aún encubierto, entre los que se pierden está encubierto; **4** en los cuales el dios de este siglo cegó el entendimiento de los incrédulos, para que no les resplandezca la luz del evangelio de la gloria de Cristo, el cual es la imagen de Dios. **5** Porque no nos predicamos a nosotros mismos, sino a Jesucristo como Señor, y a nosotros como vuestros siervos por amor de Jesús. **6** Porque Dios, que mandó que de las tinieblas resplandeciese la luz, es el que resplandeció en nuestros corazones, para iluminación del conocimiento de la gloria de Dios en la faz de Jesucristo."

El mejor consejo: ¡Lee la Biblia tú mismo/ma! No confíes en la palabra de otro hombre – **Jeremías 17:5**, "Así ha dicho Jehová: Maldito el varón que confía en el hombre, y pone carne por su brazo, y su corazón se aparta de Jehová."

Sal 119:11, "Tu palabra he guardado en mi corazón, para no pecar contra ti."

¡Necesitamos la palabra de Dios en nuestro corazón! ¡Tenemos que leerlo realmente antes de que podamos tenerlo en nuestro corazón!

No puedo decirlo suficientes veces; ¡Lee la Biblia! ¡Dios nos dió Su palabra para que pudiéramos conocerlo! Es la única forma en que realmente podemos conocer a Dios y conocer Su verdad – **Oseas 4:6**, "**6** Mi pueblo fue destruido, porque le faltó conocimiento. Por cuanto desechaste el conocimiento, yo te echaré del sacerdocio; y porque olvidaste la ley de tu Dios, también yo me olvidaré de tus hijos."

Hubo una Iglesia que se impresionaron con la predica de un Apóstol invitado llamado Pablo de Tarso, pero aun así entendieron que tenían que leer lo que el predicó y verificar por sí mismos – **Hechos 17:10-11**, "**10** Inmediatamente, los hermanos enviaron de noche a Pablo y a Silas hasta Berea. Y ellos, habiendo llegado, entraron en la sinagoga de los judíos. **11** Y estos eran más nobles que los que estaban en Tesalónica, pues recibieron la palabra con toda solicitud, escudriñando cada día las Escrituras para ver si estas cosas eran así."

Luego el mismo Apóstol le predico a otra iglesia en Gálatas quienes no acostumbraban a recibir la palabra con toda solicitud, ni escudriñaban cada día las Escrituras para ver si lo que se les predicaban eran así – **Galatas 3:1-5**, "¡Oh gálatas insensatos! ¿quién os fascinó para no obedecer a la verdad, a vosotros ante cuyos ojos Jesucristo fue ya presentado claramente entre vosotros como crucificado? **2** Esto solo quiero saber de vosotros: ¿Recibisteis el Espíritu por las obras de la ley, o por el oír con fe? **3** ¿Tan necios sois? ¿Habiendo comenzado por el Espíritu, ahora vais a acabar por la carne?**4** ¿Tantas cosas habéis padecido en vano? si es que realmente fue en vano. **5** Aquel, pues, que os suministra el Espíritu, y hace maravillas entre vosotros, ¿lo hace por las obras de la ley, o por el oír con fe?"

CAPÍTULO 14

DIOS SOPLA DONDE PROVOCAN SU PRESENCIA.

Practiquemos como provocar la presencia basado en las experiencias de los que lograron provocar Su presencia.

El Día Pentecostés – Hechos 2:1-4.

"1 Cuando llegó el día de Pentecostés, **estaban todos unánimes juntos**.

- Practiquen la unidad. Empiecen a hacer cosas más juntos como familia. Hagan actividades que provocan la unidad como trabajos en equipo o jugar en equipo. Si están en un culto, procuren TODOS ser partícipes del culto de oración y adoración.

2 Y de repente vino del cielo un estruendo como de un viento recio que soplaba, el cual llenó toda la casa donde estaban sentados;

- Este **de repente** no solo fue por la unidad física, pero también la unidad espiritual. Oren y mediten más juntos como familia/ministerio.

3 y se les aparecieron lenguas repartidas, como de fuego, asentándose sobre cada uno de ellos. **4** Y fueron todos llenos del Espíritu Santo, y comenzaron a hablar en otras lenguas, según el Espíritu les daba que hablasen.

- El hablar en lenguas es una de las muchas señales externas del bautismo del Espíritu Santo. Notemos que para hablar se requiere acción de nuestra parte. Para algunos se siente un escalofrío mientras otros sienten un fuerte calor. Independientemente, tenemos que "soltar" la lengua que Dios nos reparte para hablar.

Pablo y Silas - Hechos 16:22-26. "**22** Entonces la multitud se amotinó contra Pablo y Silas, y los magistrados mandaron que les arrancaran la ropa y los azotaran. **23** Después de darles muchos golpes, los echaron en la cárcel, y ordenaron
al carcelero que los custodiara con la mayor seguridad. **24** Al recibir tal orden, este los metió en el calabozo interior y les sujetó los pies en el cepo. **25** A eso de la medianoche, Pablo y Silas se pusieron a orar y a cantar himnos a Dios, y los otros presos los escuchaban.

- Notemos que el Salmista estaba correcto cuando escribió, "Pero tú eres santo, tú eres rey, ¡tú eres la alabanza de Israel!" – **Salmos 22:3**
- Notemos la unidad en la oración y alabanzas a Dios. Cuando alabamos a Dios le preparamos un tabernáculo (templo) a Dios.

26 De repente se produjo un terremoto tan fuerte que la cárcel se estremeció hasta sus cimientos. Al instante se abrieron todas las puertas y a los presos se les soltaron las cadenas."

- Este es otro "de repente" causado por la unidad en oración y alabanzas.

- En la cárcel de Pedro – **Hechos 12:3-8.** "3 Cuando Herodes vio cuánto esto le agradó al pueblo judío, también arrestó a Pedro. (Eso sucedió durante la celebración de la Pascua[b]). 4 Después lo metió en la cárcel y lo puso bajo la vigilancia de cuatro escuadrones de cuatro soldados cada uno. Herodes tenía pensado llevar a Pedro a juicio público después de la Pascua. **5 Pero, mientras Pedro estaba en la cárcel, la iglesia oraba fervientemente por él...6** La noche antes de ser sometido a juicio, Pedro dormía sujetado con dos cadenas entre dos soldados. Otros hacían guardia junto a la puerta de la prisión. **7 De repente**, una luz intensa iluminó la celda y un ángel del Señor se puso frente a Pedro. El ángel lo golpeó en el costado para despertarlo y le dijo: «¡Rápido! ¡Levántate!». Y las cadenas cayeron de sus muñecas. **8** Después, el ángel le dijo: «Vístete y ponte tus sandalias». Pedro lo hizo, y el ángel le ordenó: «Ahora ponte tu abrigo y sígueme»."

Nuevamente notemos que la unidad física y espiritual de la iglesia de Pedro causó un **de repente** abriera las puertas y que se caigan las cadenas. De eso se trata nuestro Señor – "**1** Dios es nuestro amparo y fortaleza, Nuestro pronto auxilio en las tribulaciones. **2** Por tanto, no temeremos, aunque la tierra sea removida, Y se traspasen los montes al corazón del mar; Aunque bramen y se turben sus aguas, Y tiemblen los montes a causa de su braveza."

La Casa de Cornelio – Hechos 10:44-46

"**44 Mientras aún hablaba Pedro estas palabras, el Espíritu Santo cayó sobre todos** los que oían el discurso. **45** Y los fieles de la circuncisión que habían venido con Pedro se quedaron atónitos de que también sobre los gentiles se derramase el don del Espíritu Santo. **46** Porque los oían que hablaban en lenguas, y que magnificaban a Dios."

- Como ya lo hemos meditado, este **de repente** fue
provocado por:

(a) Un espíritu de expectativa, **v.24**, "Al otro día entraron en Cesarea. Y

Cornelio **los estaba esperando**, habiendo convocado a sus parientes y amigos

más íntimos."

(b) Ayuno y oración, **Vv.30-31**, "**30** Entonces Cornelio dijo: Hace cuatro días que a esta hora yo **estaba en ayunas**; y a la hora novena, **mientras oraba** en mi casa, vi que se puso delante de mí un varón con vestido resplandeciente; **31** y dijo: Cornelio, tu oración ha sido oída, y tus limosnas han sido recordadas delante de Dios."

Notas:

Notas: ¿Que me dijo Dios?

____

____

____

____

____

Notas: ¿Que me dijo Dios?

____

____

____

____

____

Notas: ¿Que me dijo Dios?

____

____

____

____

____

Notas: ¿Que me dijo Dios?

____

____

____

____

____

Notas: ¿Que me dijo Dios?

____

____

____

____

____

Notas: ¿Que me dijo Dios?

____

____

____

____

____

Notas: ¿Que me dijo Dios?

____

____

____

____

____

Notas: ¿Que me dijo Dios?

____

____

____

____

____

Notas: ¿Que me dijo Dios?

____

____

____

____

____

Notas: ¿Que me dijo Dios?

____

____

____

____

____

Notas: ¿Que me dijo Dios?

____

____

____

____

____

Notas: ¿Que me dijo Dios?

____

____

____

____

Notas: ¿Que me dijo Dios?

____

____

____

____

www.ingramcontent.com/pod-product-compliance
Lightning Source LLC
Chambersburg PA
CBHW071443130726
47997CB00006B/2207